Die schönsten
Balladen
und Gedichte

Die schönsten Balladen und Gedichte

© Seehamer Verlag GmbH, Weyarn
alle Rechte vorbehalten
Zusammenstellung und Redaktion: Maasburg GmbH, München
Innengestaltung: Eva Lörsch, Miesbach und Uschi Müller, München
Umschlaggestaltung und Konzeption: Bine Cordes, Weyarn
Printed in Germany
ISBN 3-929626-01-2

Inhaltsverzeichnis

Das Lied vom braven Mann _____ 7
Lenore _____ 13
Das Riesenspielzeug _____ 25
Der Soldat _____ 31
Die Löwenbraut _____ 33
Das zerbrochene Ringlein _____ 37
Nis Randers _____ 39
Rübezahl _____ 43
Die Goldgräber _____ 47
Der Fischer _____ 51
Der getreue Eckart _____ 55
Der König in Thule _____ 59
Der Zauberlehrling _____ 61
Erlkönig _____ 67
Heidenröslein _____ 71
Belsazar _____ 73
Lorelei _____ 77
Die Heinzelmännchen _____ 79
Der Postillon _____ 85
Der Feuerreiter _____ 89
Der Mönch von Heisterbach _____ 93
Ballade vom Brennesselbusch _____ 97
Das Grab im Busento _____ 103
Vom Bäumlein, das andere Blätter hat gewollt _____ 107
Die Teutoburger Schlacht _____ 113
Das Lied von der Glocke _____ 117

Der Taucher	135
Der Ring der Polykrates	143
Der Reiter und der Bodensee	149
Barbarossa	155
Das Glück von Edenhall	161
Der Wirtin Töchterlein	165
Des Sängers Fluch	167
Agnes Bernauerin	173
Es waren zwei Königskinder	177

Das Lied vom braven Mann

Hoch klingt das Lied vom braven Mann,
Wie Orgelton und Glockenklang.
Wer hohen Muts sich rühmen kann,
Den lohnt nicht Gold, den lohnt Gesang.
Gottlob, dass ich singen und preisen kann,
Zu singen und preisen den braven Mann! -

Der Tauwind kam vom Mittagsmeer
Und schnob durch Welschland trüb und feucht.
Die Wolken flogen vor ihm her,
Wie wenn der Wolf die Herde scheucht.
Er fegte die Felder, zerbrach den Forst;
Auf Seen und Strömen das Grundeis borst.

Am Hochgebirge schmolz der Schnee,
Der Sturz von tausend Wassern scholl;
Das Wiesental begrub ein See,
Des Landes Heerstrom wuchs und schwoll.
Hoch rollten die Wogen entlang ihr Gleis
Und rollten gewaltige Felsen Eis.

Auf Pfeilern und auf Bogen schwer,
Aus Quaderstein von unten auf
Lag eine Brücke drüber her,
Und mitten stand ein Häuschen drauf.
Hier wohnte der Zöllner mit Weib und Kind.
O Zöllner, o Zöllner! entfleuch' geschwind!

Es dröhnt' und dröhnte dumpf heran;
Laut heulten Sturm und Wog' ums Haus.
Der Zöllner sprang zum Dach hinan
Und blickt' in den Tumult hinaus:
"Barmherziger Himmel, erbarme dich!
Verloren! verloren! wer rettet mich?"

Die Schollen rollten Schuss auf Schuss;
Von beiden Ufern, hier und dort,
Von beiden Ufern riss der Fluss
Die Pfeiler samt den Bogen fort.
Der bebende Zöllner mit Weib und Kind,
Er heulte noch lauter als Strom und Wind.

Die Schollen rollten Stoss auf Stoss;
An beiden Enden, hier und dort,
Zerborsten und zertrümmert schoss
Ein Pfeiler nach dem andern fort,
Bald naht der Mitte der Umsturz sich.
"Barmherziger Himmel, erbarme dich!"

Hoch auf dem fernen Ufer stand
Ein Schwarm von Gaffern gross und klein,
Und jeder schrie und rang die Hand,
Doch mochte niemand Retter sein.
Der bebende Zöllner mit Weib und Kind
Durchheulte nach Rettung den Strom und Wind.

Rasch galoppiert' ein Graf hervor,
Auf hohem Ross ein edler Graf.
Was hielt des Grafen Hand empor?
Ein Beutel war es, voll und straff.
"Zweihundert Pistolen sind zugesagt
Dem, welcher die Rettung der Armen wagt!"

Und immer höher schwoll die Flut,
Und immer lauter schnob der Wind,
Und immer tiefer sank der Mut.
O Retter! Retter! komm geschwind!
Stets Pfeiler bei Pfeiler zerborst und brach,
Laut krachten und stürzten die Bogen nach.

"Hallo! hallo! frisch auf, gewagt!"
Hoch hielt der Graf den Preis empor.
Ein jeder hört's, doch jeder zagt:
Aus Tausenden tritt keiner vor.
Vergebens durchheulte mit Weib und Kind
Der Zöllner nach Rettung den Strom und Wind.

Sieh, schlecht und recht ein Bauersmann
Am Wanderstabe schritt daher,
Mit grobem Kittel angetan,
An Wuchs und Antlitz hoch und hehr.
Er hörte den Grafen, vernahm sein Wort
Und schaute das nahe Verderben dort.

Und kühn in Gottes Namen sprang
Er in den nächsten Fischerkahn;
Trotz Wirbel, Sturm und Wogendrang
Kam der Erretter glücklich an.
Doch wehe, der Nachen war allzu klein,
Der Retter von allen zugleich zu sein.

Und dreimal zwang er seinen Kahn
Trotz Wirbel, Sturm und Wogendrang,
Und dreimal kam er glücklich an,
Bis ihm die Rettung ganz gelang.
Kaum kamen die letzten in sichern Port,
So rollte das letzte Getrümmer fort.

"Hier", rief der Graf, "mein wackrer Freund!
Hier ist dein Preis! Komm her, nimm hin!"
Sag an, war das nicht brav gemeint?
Bei Gott! der Graf trug hohen Sinn.
Doch höher und himmlischer wahrlich schlug
Das Herz, das der Bauer im Kittel trug!

"Mein Leben ist für Gold nicht feil.
Arm bin ich zwar, doch ess' ich satt.
Dem Zöllner werd' Eu'r Gold zuteil,
Der Hab und Gut verloren hat!"
So rief er mit herzlichem Biederton
Und wandte den Rücken und ging davon. -

Hoch klingst du, Lied vom braven Mann,
Wie Orgelton und Glockenklang:
Wer solchen Muts sich rühmen kann,
Den lohnt kein Gold, den lohnt Gesang.
Gottlob, dass ich singen und preisen kann,
Unsterblich zu preisen den braven Mann!
Gottfried August Bürger

Lenore

Lenore fuhr ums Morgenrot
Empor aus schweren Träumen:
"Bist untreu, Wilhelm, oder tot?
Wie lange willst du säumen?"
Er war mit König Friedrichs Macht
Gezogen in die Prager Schlacht
Und hatte nicht geschrieben,
Ob er gesund geblieben.

Der König und die Kaiserin,
Des langen Haders müde,
Erweichten ihren harten Sinn
Und machten endlich Friede,
Und jedes Heer, mit Sing und Sang,
Mit Paukenschlag und Kling und Klang,
Geschmückt mit grünen Reisern,
Zog heim zu seinen Häusern.

Und überall, allüberall,
Auf Wegen und auf Stegen,
Zog alt und jung dem Jubelschall
Der Kommenden entgegen.
"Gottlob!" rief Kind und Gattin laut,
"Willkommen!" manche frohe Braut.
Ach! aber für Lenoren
War Gruss und Kuss verloren.

Sie frug den Zug wohl auf und ab
Und frug nach allen Namen;

Doch keiner war, der Antwort gab,
Von allen, so da kamen.
Als nun das Heer vorüber war,
Zerraufte sie ihr Rabenhaar
Und warf sich hin zur Erde
Mit wütiger Gebärde.

Die Mutter lief wohl hin zu ihr:
"Ach, dass sich Gott erbarme!
Du trautes Kind, was ist mit dir?"
Und schloss sie in die Arme. -
"O Mutter, Mutter! hin ist hin!
Nun fahre Welt und alles hin!
Bei Gott ist kein Erbarmen.
O weh, o weh mir Armen!"

"Hilf, Gott, hilf! Sieh uns gnädig an!
Kind, bet' ein Vaterunser!
Was Gott tut, das ist wohlgetan.
Gott, Gott erbarmt sich unser!" -
"O Mutter, Mutter! eitler Wahn!
Gott hat an mir nicht wohlgetan!
Was half, was half mein Beten?
Nun ist's nicht mehr vonnöten." -

"Hilf, Gott, hilf! Wer den Vater kennt,
Der weiss, er hilft den Kindern.
Das hochgelobte Sakrament
Wird deinen Jammer lindern." -

"O Mutter, Mutter! was mich brennt,
Das lindert mir kein Sakrament;
Kein Sakrament mag Leben
Den Toten wiedergeben." -

"Hör', Kind! wie, wenn der falsche Mann
Im fernen Ungarlande
Sich seines Glaubens abgetan
Zum neuen Ehebande?
Lass fahren, Kind, sein Herz dahin!
Er hat es nimmermehr Gewinn:
Wann Seel' und Leib sich trennen,
Wird ihn sein Meineid brennen." -

"O Mutter, Mutter! hin ist hin!
Verloren ist verloren!
Der Tod, der Tod ist mein Gewinn!
O, wär' ich nie geboren!
Lisch aus, mein Licht, auf ewig aus!
Stirb hin, stirb hin in Nacht und Graus!
Bei Gott ist kein Erbarmen.
O weh, o weh mir Armen!" -

"Hilf, Gott, hilf! Geh nicht ins Gericht
Mit deinem armen Kinde!
Sie weiss nicht, was die Zunge spricht;
Behalt ihr nicht die Sünde!
Ach, Kind, vergiss dein irdisch Leid
Und denk an Gott und Seligkeit,

So wird doch deiner Seelen
Der Bräutigam nicht fehlen." -

"O Mutter! was ist Seligkeit?
O Mutter! was ist Hölle?
Bei ihm, bei ihm ist Seligkeit
Und ohne Wilhelm Hölle! -
Lisch aus, mein Licht, auf ewig aus!
Stirb hin, stirb hin in Nacht und Graus!
Ohn' ihn mag ich auf Erden,
Mag doch nicht selig werden." -

So wütete Verzweifelung
Ihr in Gehirn und Adern.
Sie fuhr mit Gottes Vorsehung
Vermessen fort zu hadern,
Zerschlug den Busen und zerrang
Die Hand bis Sonnenuntergang,
Bis auf am Himmelsbogen
Die goldnen Sterne zogen.

Und aussen, horch! ging's trapp trapp trapp,
Als wie von Rosseshufen,
Und klirrend stieg ein Reiter ab
An des Geländers Stufen.
Und horch! und horch! den Pfortenring
Ganz lose, leise, klinglingling!
Dann kamen durch die Pforte
Vernehmlich diese Worte:

"Holla, holla! Tu' auf mein Kind!
Schläfst, Liebchen, oder wachst du?
Wie bist noch gegen mich gesinnt?
Und weinest oder lachst du?" -
"Ach, Wilhelm, du?.. So spät bei Nacht? ...
Geweinet hab' ich und gewacht,
Ach, grosses Leid erlitten!
Wo kommst du hergeritten?" -

"Wir satteln nur um Mitternacht.
Weit ritt ich her von Böhmen.
Ich habe spät mich aufgemacht
Und will dich mit mir nehmen." -
"Ach, Wilhelm, erst herein geschwind!
Den Hagedorn durchsaust der Wind;
Herein, in meinen Armen,
Herzliebster, zu erwarmen!" -

"Lass sausen durch den Hagedorn,
Lass sausen, Kind, lass sausen!
Der Rappe scharrt, es klirrt der Sporn.
Ich darf allhier nicht hausen.
Komm, schürze, spring und schwinge dich
Auf meinen Rappen hinter mich!
Muss heut' noch hundert Meilen
Mit dir ins Brautbett eilen." -

"Ach! wolltest hundert Meilen noch
Mich heut' ins Brautbett tragen?

Und horch! es brummt die Glocke noch,
Die elf schon angeschlagen." -
"Sieh hin, sieh her! der Mond scheint hell.
Wir und die Toten reiten schnell.
Ich bringe dich, zur Wette,
Noch heut' ins Hochzeitbette." -

"Sag' an, wo ist dein Kämmerlein?
Wo, wie dein Hochzeitbettchen?" -
"Weit, weit von hier! ... Still, kühl und klein! ...
Sechs Bretter und zwei Brettchen!" -
"Hat's Raum für mich?" - "Für dich und mich!
Komm, schürze, spring und schwinge dich!
Die Hochzeitsgäste hoffen;
Die Kammer steht uns offen." -

Schön Liebchen schürzte, sprang und schwang
Sich auf das Ross behende;
Wohl um den trauten Reiter schlang
Sie ihre Lilienhände.
Und hurre hurre, hopp hopp hopp!
Ging's fort in sausendem Galopp,
Dass Ross und Reiter schnoben,
Und Kies und Funken stoben.

Zur rechten und zur linken Hand,
Vorbei vor ihren Blicken,
Wie flogen Anger, Heid' und Land!
Wie donnerten die Brücken! -

"Graut Liebchen auch?.. Der Mond scheint hell!
Hurra! Die Toten reiten schnell!
Graut Liebchen auch vor Toten?" -
"Ach nein! ... Doch lass die Toten!" -

Was klang dort für Gesang und Klang?
Was flatterten die Raben?...
Horch! Glockenklang! Horch! Totensang:
"Lasst uns den Leib begraben!"
Und näher zog ein Leichenzug,
Der Sarg und Totenbahre trug.
Das Lied war zu vergleichen
Dem Unkenruf in Teichen.

"Nach Mitternacht begrabt den Leib
Mit Klang und Sang und Klage!
Jetzt führ' ich heim mein junges Weib.
Mit, mit zum Brautgelage!
Komm, Küster, hier! komm mit dem Chor
Und gurgle mir das Brautlied vor!
Komm, Pfaff', und sprich den Segen,
Eh' wir zu Bett uns legen!" -

Still Klang und Sang.. Die Bahre schwand..
Gehorsam seinem Rufen,
Kam's hurre hurre! nachgerannt,
Hart hinters Rappen Hufen.
Und immer weiter, hopp hopp hopp!
Ging's fort in sausendem Galopp,

Dass Ross und Reiter schnoben
Und Kies und Funken stoben.

Wie flogen rechts, wie flogen links
Gebirge, Bäum' und Hecken!
Wie flogen links und rechts und links
Die Dörfer, Städt' und Flecken! –
"Graut Liebchen auch?.. Der Mond scheint hell!
Hurra! Die Toten reiten schnell!
Graut Liebchen auch vor Toten?" –
"Ach, lass sie ruhn, die Toten!" –

Sieh da, sieh da! Am Hochgericht
Tanzt' um des Rades Spindel,
Halb sichtbarlich beim Mondenlicht,
Ein lustiges Gesindel. –
"Sasa! Gesindel. hier! Komm hier!
Gesindel, komm und folge mir!
Tanz' uns den Hochzeitreigen,
Wenn wir zu Bette steigen!" –

Und das Gesindel, husch husch husch!
Kam hinten nachgerasselt,
Wie Wirbelwind am Haselbusch
Durch dürre Blätter rasselt.
Und weiter, weiter, hopp hopp hopp!
Ging's fort in sausendem Galopp,
Dass Ross und Reiter schnoben,
Und Kies und Funken stoben.

Wie flog, was rund der Mond beschien,
Wie flog es in die Ferne!
Wie flogen oben über hin
Der Himmel und die Sterne! -
"Graut Liebchen auch?.. Der Mond scheint hell!
Hurra! die Toten reiten schnell!
Graut Liebchen auch vor Toten?" -
"O weh! Lass ruhn die Toten!" -

"Rapp'! Rapp'! mich dünkt,
der Hahn schon ruft...
Bald wird der Sand verrinnen...
Rapp'! Rapp'! ich wittre Morgenluft...
Rapp'! tummle dich von hinnen! -
Vollbracht, vollbracht ist unser Lauf!
Das Hochzeitbette tut sich auf!
Die Toten reiten schnell!
Wir sind, wir sind zur Stelle." -

Rasch auf ein eisern Gittertor
Ging's mit verhängtem Zügel;
Mit schwanker Gert' ein Schlag davor
Zersprengte Schloss und Riegel.
Die Flügel flogen klirrend auf,
Und über Gräber ging der Lauf;
Es blinkten Leichensteine
Rundum im Mondenscheine.

Ha sieh! ha sieh! im Augenblick,
Huhu! ein grässlich Wunder!
Des Reiters Koller, Stück für Stück,
Fiel ab wie mürber Zunder.
Zum Schädel ohne Zopf und Schopf,
Zum nackten Schädel ward sein Kopf;
Sein Körper zum Gerippe
Mit Stundenglas und Hippe.

Hoch bäumte sich, wild schnob der Rapp'
Und sprühte Feuerfunken;
Und hui! war's unter ihr hinab
Verschwunden und versunken.
Geheul, Geheul aus hoher Luft,
Gewinsel kam aus tiefer Gruft.
Lenorens Herz mit Beben
Rang zwischen Tod und Leben.

Nun tanzten wohl bei Mondenglanz
Rumdum herum im Kreise
Die Geister einen Kettentanz
Und heulten diese Weise:
"Geduld! Geduld! Wenn's Herz auch bricht!
Mit Gott im Himmel hadre nicht!
Des Leibes bist zu ledig;
Gott sei der Seele gnädig!"

Gottfried August Bürger

Das Riesenspielzeug

Burg Niedeck ist im Elsaß
der Sage wohlbekannt,
Die Höhe, wo vor Zeiten
die Burg der Riesen stand;
Sie selbst ist nun verfallen,
die Stätte wüst und leer,
Du fragest nach den Riesen,
du findest sie nicht mehr.

Einst kam das Riesenfräulein
aus jener Burg hervor,
Erging sich sonder Wartung
und spielend vor dem Tor
Und stieg hinab den Abhang
bis in das Tal hinein,
Neugierig zu erkunden,
wies unten möchte sein.

Mit wenigen raschen Schritten
durchkreuzte sie den Wald,
Erreichte gegen Haslach
das Land der Menschen bald,
Und Städte dort und Dörfer
und das bestellte Feld
Erschienen ihren Augen
gar eine fremde Welt.

Wie jetzt zu ihren Füßen
sie spähend niederschaut,

Bemerkt sie einen Bauer,
der seinen Acker baut;
Es kriecht das kleine Wesen
einher so sonderbar,
Es glitzert in der Sonne
der Pflug so blank und klar.

"Ei! artig Spielding!" ruft sie,
"das nehm ich mit nach Haus!"
Sie knieet nieder, spreitet
behend ihr Tüchlein aus
Und fegt mit den Händen,
was da sich alles regt,
Zu Haufen in das Tüchlein,
das sie zusammenschlägt;

Und eilt mit freudigen Sprüngen,
man weiß, wie Kinder sind,
Zur Burg hinan und suchet
den Vater auf geschwind:
"Ei, Vater, lieber Vater,
ein Spielding wunderschön!
So Allerliebsts sah ich noch nie
auf unsern Höhn!"

Der Alte saß am Tische
und trank den kühlen Wein,
Er schaut sie an behaglich,
er fragt das Töchterlein:

"Was Zappeliges bringst du
in deinem Tuch herbei?
Du hüpfest ja vor Freuden;
laß sehen, was es sei."

Sie spreitet aus das Tüchlein
und fängt behusam an,
Den Bauer aufzustellen,
den Pflug und das Gespann;
Wie alles auf dem Tische
sie zierlich aufgebaut,
So klatscht sie in die Hände
und springt und jubelt laut.

Der Alte wird gar ernsthaft
und wiegt sein Haupt und spricht:
"Was hast du angerichtet?
Das ist kein Spielzeug nicht!
Wo du es hergenommen,
da trag es wieder hin!
Der Bauer ist kein Spielzeug;
was kommt dir in den Sinn?

Sollst gleich und ohne Murren
erfüllen mein Gebot;
Denn wäre nicht der Bauer,
so hättest du kein Brot!
Es sprießt der Stamm der Riesen
aus Bauernmark hervor;

Der Bauer ist kein Spielzeug,
da sei uns Gott davor!"

Burg Niedeck ist im Elsaß
der Sage wohlbekannt,
Die Höhe, wo vor Zeiten
die Burg der Riesen stand;
Sie selbst ist nun verfallen,
die Stätte wüst und leer,
Und fragst du nach den Riesen,
du findest sie nicht mehr.

Adalbert von Chamisso

Der Soldat

Es geht bei gedämpfter Trommel Klang;
Wie weit noch die Stätte! der Weg wie lang!
O wär er zur Ruh und alles vorbei!
Ich glaub, es bricht mir das Herz entzwei!

Ich hab in der Welt nur ihn geliebt,
Nur ihn, dem jetzt man den Tod doch gibt.
Bei klingendem Spiele wird paradiert,
Dazu bin auch ich kommandiert.

Nun schaut er auf zum letzten Mal
In Gottes Sonne freudigen Strahl,
- Nun binden sie ihm die Augen zu, -
Dir schenke Gott die ewige Ruh.

Es haben die neun wohl angelegt,
Acht Kugeln haben vorbeigefegt;
Sie zitterten alle vor Jammer und Schmerz -
Ich aber, ich traf ihn mitten ins Herz.

Adalbert von Chamisso

Die Löwenbraut

Mit Myrte geschmückt und dem Brautgeschmeid,
des Wärters Tochter, die rosige Maid,
tritt ein in den Zwinger des Löwen; er liegt
der Herrin zu Füßen, vor der er sich schmiegt.

Der Gewaltige, wild und unbändig zuvor,
schaut fromm und verständig zur Herrin empor;
die Jungfrau, zart und wonnereich,
liebstreichelt ihn sanft und weinet zugleich.

"Wir waren in Tagen, die nicht mehr sind,
gar treue Gespielen, wie Kind und Kind,
und hatten uns lieb und hatten uns gern;
die Tage der Kindheit, sie liegen uns fern.

"Du schütteltest machtvoll, eh' wir's geglaubt,
dein mähnenumwogtes, königlich Haupt;
ich wuchs heran, du siehst es, ich bin
das Kind nicht mehr mit kindischem Sinn.

"O wär' ich das Kind noch und bliebe bei dir,
mein starkes, getreues, mein redliches Tier!
Ich aber muß folgen, sie taten's mir an,
hinaus in die Fremde dem fremden Mann.

"Es fiel ihm ein, daß schön ich sei;
ich wurde gefreit; es ist nun vorbei; -
der Kranz im Haare, mein guter Gesell,
und nicht vor Tränen die Blicke mehr hell.

"Verstehst du mich ganz? schaust grimmig dazu;
ich bin ja gefaßt, sei ruhig auch du!
Dort seh' ich ihn kommen, dem folgen ich muß,
so geb' ich denn, Freund, dir den letzten Kuß!"

Und wie ihn die Lippe des Mädchens berührt,
da hat man den Zwinger erzittern gespürt;
und wie er am Gitter den Jüngling erschaut,
erfaßt Entsetzen die bangende Braut.

Er stellt an die Tür sich des Zwingers zur Wacht,
er schwinget den Schweif, er brüllet mit Macht;
sie, flehend, gebietend und drohend, begehrt
hinaus; er im Zorn den Ausgang wehrt.

Und draußen erhebt sich verworren Geschrei.
Der Jüngling ruft: "Bringt Waffen herbei!
Ich schieß' ihn nieder, ich treff' ihn gut!"
Auf brüllt der Gereizte, schäumend vor Wut.

Die Unselige wagt's, sich der Tür zu nah'n,
da fällt er, verwandelt, die Herrin an;
die schöne Gestalt, ein gräßlicher Raub,
liegt blutig, zerrissen, entstellt in dem Staub.

Und wie er vergossen das teure Blut,
er legt sich zur Leiche mit finsterem Mut;
er liegt so versunken in Trauer und Schmerz,
bis tödlich die Kugel ihn trifft in das Herz.

Adalbert von Chamisso

Das zerbrochene Ringlein

In einem kühlen Grunde
da geht ein Mühlenrad,
mein' Liebste ist verschwunden,
die dort gewohnet hat.

Sie hat mir Treu' versprochen,
gab mir ein'n Ring dabei;
sie hat die Treu' gebrochen,
mein Ringlein sprang entzwei.

Ich möcht' als Spielmann reisen
weit in die Welt hinaus
und singen meine Weisen
und gehn von Haus zu Haus.

Ich möcht' als Reiter fliegen
wohl in die blut'ge Schlacht,
um stille Feuer liegen
im Feld bei dunkler Nacht.

Hör' ich das Mühlrad gehen:
ich weiß nicht, was ich will -
ich möcht' am liebsten sterben,
da wär's auf einmal still!

Joseph Freiherr von Eichendorff

Nis Randers

Ein Wrack auf der Sandbank!
Noch wiegt es die Flut!
Gleich holt sich's der Abgrund.

Nis Randers lugt - und ohne Hast
Spricht er: "Da hängt noch ein Mann im Mast;
Wir müssen ihn holen."

Da fasst ihn die Mutter: "Du steigst mir nicht ein!
Dich will ich behalten, du bliebst mir allein,
Ich will's, deine Mutter!"

"Dein Vater ging unter und Momme, mein Sohn;
Drei Jahre verschollen ist Uwe schon,
Mein Uwe, mein Uwe!"

Nis tritt auf die Brücke. Die Mutter ihm nach!
Er weist nach dem Wrack und spricht gemach:
"Und seine Mutter?"

Nun springt er ins Boot und mit ihm noch sechs:
Hohes, hartes Friesengewächs!
Schon sausen die Ruder.

Boot oben, Boot unten, ein Höllentanz!
Nun muss es zerschmettern! Nein: es blieb ganz!
Wie lange? Wie lange?

Mit feurigen Geisseln peitscht das Meer
Die menschenfressenden Rosse daher;
Sie schnauben und schäumen.

Wie hechelnde Hast sie zusammenzwingt!
Eins auf den Rücken des andern springt
Mit stampfenden Hufen!

Drei Wetter zusammen! Nun brennt die Welt!
Was da? - Ein Boot, das landwärts hält - -
Sie sind es! Sie kommen! - -

Und Auge und Ohr ins Dunkel gespannt...
Still - ruft da nicht einer? -
Er schreit's durch die Hand!
"Sagt Mutter, 's ist Uwe!"

Otto Ernst

Rübezahl

Nun werden grün die Brombeerhecken;
Hier schon ein Veilchen – welch ein Fest!
Die Amsel sucht sich dürre Stecken,
und auch der Buchfink baut sein Nest.
Der Schnee ist überall gewichen,
die Koppe nur sieht weiß ins Tal;
ich habe mich von Haus geschlichen
hier ist der Ort – ich wag's einmal:
Rübezahl!

Hört er's? Ich seh' ihm dreist entgegen!
Er ist nicht bös. Auf diesen Block
will ich mein Leinwandpäckchen legen,
es ist ein richt'ges volles Schock!
Und fein – ja, dafür kann ich stehen!
Kein bess'res wird gewebt im Tal.
Er läßt sich immer noch nicht sehen –
drum frischen Mutes noch einmal:
Rübezahl!

Kein Laut! – Ich bin ins Holz gegangen,
daß er uns hilft aus unserer Not.
O! meiner Mutter blasse Wangen –
im ganzen Haus kein Stückchen Brot!
Der Vater schritt zu Markt mit Fluchen;
fänd' er auch Käufer nur einmal!
Ich will's mit Rübezahl versuchen –
wo bleibt er nur? Zum dritten Mal:
Rübezahl!

Er half so vielen schon vorzeiten –
Großmutter hat mir's oft erzählt.
Ja, er ist gut den armen Leuten,
die unverschuldet Elend quält!
So bin ich froh denn hergelaufen
mit meiner richt'gen Ellenzahl;
ich will nicht betteln, will verkaufen –
O, daß er käme! Rübezahl! –
Rübezahl!

Wenn dieses Päckchen ihm gefiele!
Vielleicht gar bät' er mehr sich aus!
Das wär' mir recht! Ach, gar zu viele
gleich schöne liegen noch zu Haus;
die nähm' er alle bis zum letzten.
Ach, fiel' auf dies doch seine Wahl!
Da löst' ich ein selbst die versetzten –
das wär' ein Jubel! Rübezahl! –
Rübezahl!

Dann trät' ich froh ins kleine Zimmer
und riefe: Vater! Geld genug!
Dann flucht' er nicht, dann sagt' er nimmer:
Ich web' euch nur ein Hungertuch!
Dann lächelte die Mutter wieder
und tischt' uns auf ein reichlich Mahl;
dann jauchzten meine kleinen Brüder –
o käm', o käm'er! Rübezahl! –
Rübezahl!"

So rief der dreizehnjähr'ge Knabe,
so stand und rief er, matt und bleich.
Umsonst, nur dann und wann ein Rabe
flog durch des Gnomen altes Reich.
So stand und paßt' er Stund' auf Stunde,
bis daß es dunkel ward im Tal
und er halblaut mit zuckendem Munde
ausrief durch Tränen noch einmal:
"Rübezahl!"

Dann ließ er still das busch'ge Fleckchen
und zitterte und sagte: "Hu!"
Und schritt mit seinem Leinwandpäckchen
dem Jammer seiner Heimat zu.
Oft ruht' er aus auf moos'gen Steinen,
matt von der Bürde, die er trug.
Ich glaub', sein Vater webt dem Kleinen
Zum Hunger – bald das Leichentuch. –
Rübezahl!

Ferdinand Freiligrath

Die Goldgräber

Sie waren gezogen über das Meer,
nach Glück und Gold stand ihr Begehr,
drei wilde Gesellen, vom Wetter gebräunt,
und kannten sich wohl und waren sich freund.

Sie hatten gegraben Tag und Nacht
am Fluß die Grube, im Berg den Schacht;
in Sonnengluten und Regengebraus,
bei Durst und Hunger hielten sie aus.

Und endlich, endlich, nach Monden voll Schweiß,
da sahn aus der Tiefe sie winken den Preis,
da glüht' es sie an durch das Dunkel so hold,
mit Blicken der Schlange das feurige Gold.

Sie brachen es los aus dem finsteren Raum,
und als sie es faßten, sie hoben es kaum,
und als sie's wogen, sie jauchzten zugleich:
"Nun sind wir geborgen, nun sind wir reich!"

Sie lachten und kreischten mit jubelndem Schall,
sie tanzten im Kreis um das blanke Metall;
und hätte der Stolz nicht bezähmt ihr Gelüst,
sie hätten's mit brünstiger Lippe geküßt.

Sprach Tom, der Jäger: "Nun laßt uns ruhn!
Zeit ist's, auf das Mühsal uns gütlich zu tun.
Geh, Sam, und hol' uns Speisen und Wein!
Ein lustiges Fest muß gefeiert sein!"

Wie trunken schlenderte Sam dahin,
zum Flecken hinab mit verzaubertem Sinn;
sein Haupt umnebelnd beschlichen ihn sacht
Gedanken, wie er sie nimmer gedacht.

Die andern saßen am Bergeshang;
sie prüften das Erz, und es blitzt' und es klang.
Sprach Will, der Rote: "Das Gold ist fein;
nur schade, daß wir es teilen zu drei'n."

"Du meinst?" - "Je nun, ich meine nur so,
zwei würden des Schatzes besser froh -"
"Doch wenn" - "Wenn was?" - "Nun, nehmen wir an,
Sam wäre nicht da" - "Ja, freilich, dann, dann - -"

Sie schwiegen lang. Die Sonne glomm
und gleißt' um das Gold; da murmelte Tom:
"Siehst du die Schlucht dort unten?" - "Warum?"
"Ihr Schatten ist tief, und die Bäume sind stumm."

"Versteh' ich dich recht?" - "Was fragst du noch viel,
wir dachten es beide und führen's ans Ziel.
Ein tüchtiger Stoß und ein Grab im Gestein,
so ist es getan und wir teilen allein!"

Sie schwiegen aufs neu. Es verglüht der Tag,
wie Blut auf dem Golde das Spätrot lag;
da kam er zurück, ihr junger Genoß,
von bleicher Stirne der Schweiß ihm floß.

"Nun her mit dem Korb
und dem bauchigen Krug!"
Und sie aßen und tranken mit tiefen Zug.
"Hei lustig, Bruder! Dein Wein ist stark,
er rollt wie Feuer durch Bein und Mark.

Komm', tu' uns Bescheid!" –
"Ich trank schon vorher,
jetzt sind vom Schlafe die Augen mir schwer;
ich streck' ins Geklüft mich." – "Nun, gute Ruh!
Und nimm den Stoß und den dazu!"

Sie trafen ihn mit den Messern gut.
Er schwankt' und glitt in rauchendem Blut.
Noch einmal hub er sein blaß Gesicht:
"Herr Gott im Himmel, du hältst Gericht!

Wohl um das Gold erschluget ihr mich;
weh euch! Ihr seid verloren, wie ich.
Auch ich, ich wollte den Schatz allein
und mischt' euch tödliches Gift in den Wein!"

Emanuel Geibel

Der Fischer

Das Wasser rauscht', das Wasser schwoll,
Ein Fischer saß daran,
Sah nach der Angel ruhevoll,
Kühl bis ans Herz hinan.
Und wie er sitzt und wie er lauscht,
Teilt sich die Flut empor;
Aus dem bewegten Wasser rauscht
Ein feuchtes Weib hervor.

Sie sang zu ihm, sie sprach zu ihm:
Was lockst du meine Brut
Mit Menschenwitz und Menschenlist
Hinauf in Todesglut?

Ach wüßtest du, wie's Fischlein ist
So wohlig auf dem Grund,
Du stiegst herunter, wie du bist,
Und würdest erst gesund.

Labt sich die liebe Sonne nicht,
Der Mond sich nicht im Meer?
Kehrt wellenatmend ihr Gesicht
Nicht doppelt schöner her?
Lockt dich der tiefe Himmel nicht,
das feuchtverklärte Blau?
Lockt dich dein eigen Angesicht
Nicht her in ew'gen Tau?

Das Wasser rauscht', das Wasser schwoll,
Netzt' ihm den nackten Fuß;
Sein Herz wuchs ihm so sehnsuchtsvoll,
Wie bei der Liebsten Gruß.
Sie sprach zu ihm, sie sang zu ihm;
Da war's um ihn geschehn:
Halb zog sie ihn, halb sank er hin,
Und ward nicht mehr gesehen.

Johann Wolfgang von Goethe

Der getreue Eckart

O wären wir weiter, o wär' ich zu Haus!
Sie kommen, da kommt schon der nächtliche Graus;
Sie sind's, die unholdigen Schwestern.
Sie streifen heran, und sie finden uns hier,
Sie trinken das mühsam geholte, das Bier,
Und lassen nur leer uns die Krüge."

So sprechen die Kinder und drücken sich schnell;
Da zeigt sich vor ihnen ein alter Gesell:
"Nur stille, Kind! Kinderlein, stille!
Die Hulden, sie kommen von durstiger Jagd,
Und lasst ihr sie trinken, wie's jeder behagt,
Dann sind sie euch hold, die Unholden."

Gesagt, so geschehn! und da naht sich der Graus
Und siehet so grau und so schattenhaft aus,
Doch schlürft es und schlampft es aufs beste.
Das Bier ist verschwunden, die Krüge sind leer;
Nun saust es und braust es, das wütige Heer,
Ins weite Getal und Gebirge.

Die Kinderlein ängstlich gen Hause so schnell,
Gesellt sich zu ihnen der fromme Gesell:
"Ihr Püppchen, nun seid mir nicht traurig!" –
"Wir kriegen nun Schelten und Streich' bis auf's Blut."
"Nein, keineswegs, alles geht herrlich und gut;
Nur schweiget und horchet wie Mäuslein!

Und der es euch anrät, und der es befiehlt,
Er ist es, der gern mit den Kindelein spielt,
Der alte Getreue, der Eckart.
Vom Wundermann hat man euch immer erzählt;
Nur hat die Bestätigung jedem gefehlt,
Die habt ihr nun köstlich in Händen."

Sie kommen nach Hause, sie setzen den Krug
Ein jedes den Eltern bescheiden genug
Und harren der Schläg' und der Schelten.
Doch siehe, man kostet: Ein herrliches Bier!
Man trinkt in die Runde schon dreimal und vier,
Und noch nimmt der Krug nicht ein Ende.

Das Wunder, es dauert zum morgenden Tag;
Doch fraget, wer immer zu fragen vermag:
Wie ist's mit den Krügen ergangen?
Die Mäuslein, sie lächeln, im stillen ergötzt;
Sie stammeln und stottern und schwatzen zuletzt,
Und gleich sind vertrocknet die Krüge.

Und wenn euch, ihr Kinder, mit treuem Gesicht
Ein Vater, ein Lehrer, ein Aldermann spricht,
So horchet und folget ihm pünktlich!
Und liegt auch das Zünglein in peinlicher Hut,
Verplaudern ist schädlich, Verschweigen ist gut;
Dann füllt sich das Bier in den Krügen.

Johann Wolfgang von Goethe

Der König
in Thule

Es war ein König in Thule,
Gar treu bis an das Grab,
Dem sterbend seine Buhle
Einen goldenen Becher gab.

Es ging ihm nichts darüber,
Er leert' ihn jeden Schmaus;
Die Augen gingen ihm über,
So oft er trank daraus.

Und als er kam zu sterben,
Zählt' er seine Städt im Reich,
Gönnt' alles seinem Erben,
Den Becher nicht zugleich.

Er saß beim Königsmahle,
Die Ritter um ihn her,
Auf hohem Vätersaale,
Dort auf dem Schloß am Meer.

Dort stand der alte Zecher,
Trank letzte Lebensglut,
Und warf den heiligen Becher
Hinunter in die Flut.

Er sah in stürzen, trinken
Und sinken tief ins Meer.
Die Augen täten ihm sinken;
Trank nie einen Tropfen mehr.

Johann Wolfgang von Goethe

Der Zauberlehrling

Hat der alte Hexenmeister
Sich doch einmal wegbegeben!
Und nun sollen seine Geister
Auch nach meinem Willen leben.
Seine Wort und Werke
Merkt ich und den Brauch,
Und mit Geistesstärke
Tu ich Wunder auch.
Walle! walle
Manche Strecke,
Daß, zum Zwecke,
Wasser fließe
Und mit reichem, vollem Schwalle
Zu dem Bade sich ergieße.

Und nun komm, du alter Besen!
Nimm die schlechten Lumpenhüllen;
Bist schon lange Knecht gewesen:
Nun erfülle meinen Willen!
Auf zwei Beinen stehe,
Oben sei ein Kopf,
Eile nun und gehe
Mit dem Wassertopf!
Walle! walle
Manche Strecke,
Daß, zum Zwecke,
Wasser fließe
Und mit reichem, vollem Schwalle
Zu dem Bade sich ergieße.

Seht, er läuft zum Ufer nieder,
Wahrlich! ist schon an dem Flusse,
Und mit Blitzesschnelle wieder
Ist er hier mit raschem Gusse.
Schon zum zweiten Male!
Wie das Becken schwillt!
Wie sich jede Schale
Voll mit Wasser füllt!
Stehe! stehe!
Denn wir haben
Deiner Gaben
Vollgemessen! –
Ach, ich merk es! Wehe, wehe!
Hab ich doch das Wort vergessen!

Ach, das Wort, worauf am Ende
Er das wird, was er gewesen.
Ach, er läuft und bringt behende!
Wärst du doch der alte Besen!
Immer neue Güsse
Bringt er schnell herein,
Ach! und hundert Flüsse
Stürzen auf mich ein.
Nein, nicht länger
Kann ichs lassen;
Will ihn fassen.
Das ist Tücke!
Ach! nun wird mir immer bänger!
Welche Miene! welche Blicke!

O du Ausgeburt der Hölle!
Soll das ganze Haus ersaufen?
Seh ich über jede Schwelle
Doch schon Wasserströme laufen.
Ein verruchter Besen,
Der nicht hören will!
Stock, der du gewesen,
Steh doch wieder still!
Willst's am Ende
Gar nicht lassen?
Will dich fassen,
Will dich halten
Und das alte Holz behende
Mit dem scharfen Beile spalten.

Seht, da kommt er schleppend wieder!
Wie ich mich nur auf dich werfe,
Gleich, o Kobold, liegst du nieder;
Krachend trifft die glatte Schärfe.
Wahrlich, brav getroffen!
Seht, er ist entzwei!
Und nun kann ich hoffen,
Und ich atme frei!
Wehe! wehe!
Beide Teile
Stehn in Eile
Schon als Knechte
Völlig fertig in die Höhe!
Helft mir, ach! ihr hohen Mächte!

Und sie laufen! Naß und nässer
Wirds im Saal und auf den Stufen.
Welch entsetzliches Gewässer!
Herr und Meister! hör mich rufen! –
Ach, da kommt der Meister!
Herr, die Not ist groß!
Die ich rief, die Geister
Werd ich nun nicht los.
"In die Ecke,
Besen! Besen!
Seid's gewesen.
Denn als Geister
Ruft euch nur zu seinem Zwecke,
Erst hervor der alte Meister."

Johann Wolfgang von Goethe

Erlkönig

Wer reitet so spät durch Nacht und Wind?
Es ist der Vater mit seinem Kind;
Er hat den Knaben wohl in dem Arm,
Er faßt ihn sicher, er hält ihn warm.

Mein Sohn, was birgst du so bang dein Gesicht? –
Siehst, Vater, du den Erlkönig nicht?
Den Erlenkönig mit Kron und Schweif? –
Mein Sohn, es ist ein Nebelstreif. –

Du liebes Kind, komm, geh mit mir!
Gar schöne Spiele spiel ich mit dir,
Manch bunte Blumen sind an dem Strand,
Meine Mutter hat manch gülden Gewand.

Mein Vater, mein Vater, und hörest du nicht,
Was Erlenkönig mir leise verspricht? –
Sei ruhig, bleibe ruhig, mein Kind:
In dürren Blättern säuselt der Wind. –

Willst, feiner Knabe, du mit mir gehn?
Meine Töchter sollen dich warten schön;
Meine Töchter führen den nächlichen Reihn,
Und wiegen und tanzen und singen dich ein.

Mein Vater, mein Vater, und siehst du nicht dort
Erlkönigs Töchter am düstern Ort? –
Mein Sohn, mein Sohn, ich seh es genau:
Es scheinen die alten Weiden so grau. –

Ich liebe dich, mich reizt deine schöne Gestalt;
Und bist du nicht willig, so brauch ich Gewalt.
Mein Vater, mein Vater, jetzt faßt er mich an!
Erlkönig hat mir ein Leids getan! –

Dem Vater grauset's, er reitet geschwind,
Er hält in den Armen das ächzende Kind,
Erreicht den Hof mit Müh und Not;
In seinen Armen das Kind war tot.

Johann Wolfgang von Goethe

Heidenröslein

Sah ein Knab ein Röslein stehn,
Röslein auf der Heiden,
War so jung und morgenschön,
Lief er schnell, es nah zu sehn,
Sah's mit vielen Freuden.
Röslein, Röslein, Röslein rot,
Röslein auf der Heiden.

Knabe sprach: "Ich breche dich,
Röslein auf der Heiden!" –
Röslein sprach: "Ich steche dich,
Daß du ewig denkst an mich,
Und ich will's nicht leiden."
Röslein, Röslein, Röslein rot,
Röslein auf der Heiden.

Und der wilde Knabe brach
's Röslein auf der Heiden;
Röslein wehrte sich und stach,
Half ihm doch kein Weh und Ach!
Musst es eben leiden.
Röslein, Röslein, Röslein rot,
Röslein auf der Heiden!

Johann Wolfgang von Goethe

Belsazar

Die Mitternacht zog näher schon;
In stummer Ruh lag Babylon.

Nur oben in des Königs Schloß,
Da flackert's, da lärmt des Königs Troß.

Dort oben in dem Königssaal
Belsazar hielt sein Königsmahl.

Die Knechte saßen in schimmernden Reihn
Und leerten die Becher mit funkelndem Wein.

Es klirrten die Becher, es jauchzten die Knecht;
So klang es dem störrigen Könige recht.

Des Königs Wangen leuchten Glut;
Im Wein erwuchs ihm kecker Mut.

Und blindlings reißt der Mut ihn fort;
Und er lästert die Gottheit mit sündigem Wort.

Und brüstet sich frech und lästert wild;
Die Knechtenschar ihm Beifall brüllt.

Der König rief mit stolzem Blick;
Der Diener eilt und kehrt zurück.

Er trug viel gülden Gerät auf dem Haupt;
Das war aus dem Tempel Jehovas geraubt.

Und der König ergriff mit frevler Hand
Einen heiligen Becher, gefüllt bis zum Rand.

Und er leert ihn hastig bis auf den Grund
Und rufet laut mit schäumendem Mund:

"Jehovah! dir künd' ich auf ewig Hohn, –
Ich bin der König von Babylon!"

Doch kaum das grause Wort verklang,
Dem König wards heimlich im Busen bang.

Das gellende Lachen verstummte zumal;
Es wurde leichenstill im Saal.

Und sieh! und sieh! an weißer Wand,
Da kams hervor wie Menschenhand;

Und schrieb, und schrieb an weißer Wand
Buchstaben von Feuer, und schrieb und schwand.

Der König stieren Blicks da saß
Mit schlotternden Knien und totenblaß.

Die Knechtenschar saß kalt durchgraut
Und saß gar still, gab keinen Laut.

Die Magier kamen, doch keiner verstand
Zu deuten die Flammenschrift an der Wand.

Belsazar ward aber in der selbigen Nacht
Von seinen Knechten umgebracht.
Heinrich Heine

Lorelei

Ich weiß nicht, was soll es bedeuten,
Daß ich so traurig bin;
Ein Märchen aus alten Zeiten,
Das kommt mir nicht aus dem Sinn.

Die Luft ist kühl, und es dunkelt,
Und ruhig fließet der Rhein;
Der Gipfel des Berges funkelt
Im Abendsonnenschein.

Die schöne Jungfrau sitzet
Dort oben wunderbar,
Ihr goldnes Geschmeide blitzet,
Sie kämmt ihr goldenes Haar;

Sie kämmt es mit goldenem Kamme
Und singt ein Lied dabei,
Das hat eine wundersame
Gewaltige Melodei.

Den Schiffer im kleinen Schiffe
Ergreift es mit wildem Weh;
Er schaut nicht die Felsriffe,
Er schaut nur hinauf in die Höh'.

Ich glaube, die Wellen verschlangen
Am Ende Schiffer und Kahn;
Und das hat mit ihrem Singen
Die Lorelei getan.

Heinrich Heine

Die Heinzelmännchen

Wie war zu Köln es doch vordem
Mit Heinzelmännchen so bequem!
Denn, war man faul, man legte sich
Hin auf die Bank und pflegte sich;
Da kamen bei Nacht,
Ehe man's gedacht,
Die Männlein und schwärmten
Und klappten und lärmten
Und rupften
Und zupften
Und hüpften und trabten
Und putzten und schabten.
Und eh ein Faulpelz noch erwacht',
War all sein Tagewerk bereits gemacht.

Die Zimmersleute streckten sich
Hin auf die Spän und reckten sich.
Indessen kam die Geisterschar
Und sah, was da zu zimmern war,
Nahm Meißel und Beil
Und die Säg in Eil;
Sie sägten und stachen
und hieben und brachen
Berappten
Und kappten,
Visierten wie Falken
Und setzten die Balken.
Eh sich's der Zimmermann versah,
Klapp! stand das ganze Haus schon fertig da!

Beim Bäckermeister war nicht Not,
Die Heinzelmännchen backten Brot.
Die faulen Burschen legten sich,
Die Heinzelmännchen regten sich
Und ächzten daher
Mit den Säcken schwer!
Und kneteten tüchtig
Und wogen es richtig
Und hoben
Und schoben
Und fegten und backten
Und klopften und hackten.
Die Burschen schnarchten noch im Chor,
Da rückte schon das Brot, das neue, vor!

Beim Fleischer ging es just so zu:
Gesell und Bursche lag in Ruh.
Indessen kamen die Männlein her
Und hackten die Schwein' die Kreuz und Quer.
Das ging so geschwind
Wie die Mühl' im Wind!
Die klappten mit Beilen,
Die schnitzten an Speilen,
Die spülten,
Die wühlten
Und mengten und mischten
Und stopften und wischten.
Tat der Gesell die Augen auf,
Wapp! hing die Wurst schon da im Ausverkauf!

Beim Schenken war es so: es trank
Der Küfer, bis er niedersank.
Am hohlen Fasse schlief er ein;
Die Männlein sorgten um den Wein
Und schwefelten fein
Alle Fässer ein
Und rollten und hoben
Mit Winden und Kloben
Und schwenkten
Und senkten
Und gossen und panschten
Und mengten und manschten,
Und eh der Küfer noch erwacht,
War schon der Wein geschönt und fein gemacht!

Einst hatt ein Schneider große Pein:
Der Staatsrock sollte fertig sein!
Warf hin das Zeug und legte sich
Hin auf das Ohr und pflegte sich.
Da schlüpfen sie frisch
In den Schneidertisch;
Und schnitten und rückten
Und nähten und stickten
Und faßten
Und paßten
Und strichen und guckten
Und zupften und ruckten,
Und eh mein Schneiderlein erwacht,
War Bürgermeisters Rock bereits gemacht!

Neugierig war des Schneiders Weib
Und macht' sich diesen Zeitvertreib:
Streut Erbsen hin die andre Nacht.
Die Heinzelmännchen kommen sacht;
Eins fährt nun aus,
Schlägt hin im Haus,
Die gleiten von Stufen
Und plumpen in Kufen,
Die fallen
Mit Schallen,
Die lärmen und schreien
und vermaledeien!
Sie springt hinunter auf den Schall
Mit Licht: husch-husch-husch-husch!
Verschwinden all!

O weh! nun sind sie alle fort,
Und keines ist mehr hier am Ort!
Man kann nicht mehr wie sonsten ruhn,
Man muß nun alles selber tun!
Ein jeder muß fein
Selbst fleißig sein
Und kratzen und schaben
Und rennen und traben
Und schniegeln und biegeln
Und klopfen und hacken
Und kochen und backen.
Ach, daß es noch wie damals wär!
Doch kommt die schöne Zeit nicht wieder her!

August Kopisch

Der Postillon

Lieblich war die Maiennacht,
Silberwölklein flogen,
Ob der holden Frühlingspracht
Freudig hingezogen.

Schlummernd lagen Wies' und Hain,
Jeder Pfad verlassen;
Niemand als der Mondenschein
Wachte auf den Straßen.

Leise nur das Lüftchen sprach,
Und es zog gelinder
Durch das stille Schlafgemach
All der Frühlingskinder.

Heimlich nur das Bächlein schlich,
Denn der Blüten Träume
Dufteten gar wonniglich
Durch die stillen Räume.

Rauher war mein Postillon,
Ließ die Geißel knallen,
Über Berg und Tal davon
Frisch sein Horn erschallen.

Und von flinken Rossen vier
Scholl der Hufe Schlagen,
Die durchs blühende Revier
Trabten mit Behagen.

Wald und Flur im schnellen Zug
Kaum gegrüßt - gemieden;
Und vorbei, wie Traumesflug,
Schwand der Dörfer Frieden.

Mitten in dem Maienglück
Lag ein Kirchhof innen,
Der den raschen Wanderblick
Hielt zu ernstem Sinnen.

Hingelehnt am Bergesrand
War die bleiche Mauer,
Und das Kreuzbild Gottes stand
Hoch, in stummer Trauer.

Schwager ritt auf seiner Bahn
Stiller jetzt und trüber;
Und die Rosse hielt er an,
Sah zum Kreuz hinüber:

"Halten muß hier Roß und Rad!
Mags euch nicht gefährden:
Drüben liegt mein Kamerad
In der kühlen Erden.

Ein gar herzlicher Gesell!
Herr, 's ist ewig schade!
Keiner blies das Horn so hell
Wie mein Kamerade.

Hier ich immer halten muß,
Dem dort unterm Rasen
Zum getreuen Brudergruß
Sein Leiblied zu blasen!"

Und dem Kirchhof sandt er zu
Frohe Wandersänge,
Daß es in die Grabesruh
Seinem Bruder dränge.

Und des Hornes heller Ton
Klang vom Berge wider,
Ob der tote Postillon
Stimmt' in seine Lieder. –

Weiter gings durch Feld und Hag
Mit verhängtem Zügel;
Lang mir noch im Ohre lag
Jener Klang vom Hügel.

Nikolaus Lenau

Der Feuerreiter

Sehet ihr am Fensterlein
Dort die rote Mütze wieder?
Nicht geheuer muß es sein,
Denn er geht schon auf und nieder.

Und auf einmal welch Gewühle
Bei der Brücke, nach dem Feld!
Horch! das Feuerglöcklein gellt:
Hinterm Berg,
Hinterm Berg
Brennt es in der Mühle!

Schaut! da sprengt er wütend schier
Durch das Tor, der Feuerreiter,
Auf dem rippendürren Tier,
Als auf einer Feuerleiter!
Querfeldein! Durch Qualm und Schwüle
Rennt er schon und ist am Ort!
Drüben schallt es fort und fort:
Hinterm Berg,
Hinterm Berg
Brennt es in der Mühle!

Der so oft den roten Hahn
Meilenweit von fern gerochen,
Mit des heil'gen Kreuzes Span
Freventlich die Glut besprochen –
Weh! dir grinst vom Dachgestühle

Dort der Feind im Höllenschein.
Gnade Gott der Seele dein!
Hinterm Berg,
Hinterm Berg
Rast er in der Mühle!

Keine Stunde hielt es an,
Bis die Mühle borst in Trümmer:
Doch den kecken Reitersmann
Sah man von der Stunde nimmer.
Volk und Wagen im Gewühle
Kehren heim von all dem Graus;
Auch das Glöcklein klinget aus:
Hinterm Berg,
Hinterm Berg
Brennts! –

Nach der Zeit ein Müller fand
Ein Gerippe samt der Mützen
Aufrecht an der Kellerwand
Auf der beinern Mähre sitzen:
Feuerreiter, wie so kühle
Reitest du in deinem Grab!
Husch; da fällts in Asche ab.
Ruhe wohl,
Ruhe wohl
Drunten in der Mühle!

Eduard Mörike

Der Mönch
von Heisterbach

Ein junger Mönch im Kloster Heisterbach,
lustwandelnd an des Gartens fernstem Ort,
der Ewigkeit sinnt tief und still er nach
und forscht dabei in Gottes heil'gem Wort.

Er liest, was Petrus, der Apostel, sprach:
"Dem Herrn ist ein Tag wie tausend Jahr',
und tausend Jahre sind ihm wie ein Tag."
Doch wie er sinnt, es wird ihm nimmer klar.

Und er verliert sich zweifelnd in den Wald.
Was um ihn vorgeht, hört und sieht er nicht;
erst wie die fromme Vesperglocke schallt,
gemahnt es ihn der ernsten Klosterpflicht.

Im Lauf erreichet er den Garten schnell;
ein Unbekannter öffnet ihm das Tor.
Er stutzt - doch sieh', schon ist die Kirche hell,
und draus ertönt der Brüder heil'ger Chor.

Nach seinem Stuhle eilend, tritt er ein,
doch wunderbar, ein andrer sitzt dort:
Er überblickt der Mönche lange Reih'n –
nur Unbekannte findet er am Ort.

Der Staunende wird angestaunt ringsrum,
man fragt nach Namen, fragt nach dem Begehr;
er sagt's, da murmelt man durchs Heiligtum:
"Dreihundert Jahre hieß so niemand mehr."

"Der letzte dieses Namens", tönt es laut,
"er war ein Zweifler und verschwand im Wald,
man hat den Namen keinem mehr vertraut."
Er hört das Wort, es überläuft ihn kalt.

Er nennet nun den Abt und nennt das Jahr;
man nimmt das alte Klosterbuch zur Hand,
da wird ein großes Gotteswunder klar:
Er ist's, der drei Jahrhunderte verschwand.

Der Schrecken lähmt ihn, plötzlich graut sein Haar,
er sinkt dahin, ihn tötet dieses Leid,
und sterbend mahnt er seiner Brüder Schar:
"Gott ist erhaben über Ort und Zeit.

Was er verhüllt, macht nur ein Wunder klar;
drum grübelt nicht, denkt meinem Schicksal nach!
Ich weiß: ihm ist ein Tag wie tausend Jahr',
und tausend Jahre sind ihm wie ein Tag."
W. Müller von Königswinter

Ballade vom Brennesselbusch

Liebe fragt Liebe:
"Was ist noch nicht mein?"
Sprach zur Liebe Liebe:
"Alles, alles dein!"
Liebe küßt Liebe:
"Liebste, liebst du mich?"
Küßte Liebe Liebe:
"Ewig, ewiglich!" –

Hand in Hand ernieder
stieg er mit Maleen
Von dem Heidehügel,
wo die Nesseln stehn,
Eine Nessel brach er,
gab er ihrer Hand,
Zu der Liebsten sprach er:
"Uns brennt heißrer Brand!

Lippe glomm auf Lippe,
bis die Lust zum Schmerz,
Bis der Atem stockte,
brannte Herz an Herz,
Darum, wo nur Nesseln
stehn am Straßenrand,
Wolln wir daran denken,
was uns heute band!"

Spricht von Treu die Liebe,
sagt sie "ewig" nur –

Ach, die Treu am Mittag
gilt nur bis zwölf Uhr,
Treue gilt am Abend,
bis die Nacht begann, –
Und doch weiß ich Herzen,
die verbluten dran.

Krieg verschlug das Mädchen,
wie ein Blatt verweht,
Das im Wind die Wege
fremder Koppeln geht,
Und ihr lieber Liebster
stieg zum Königsthron,
Eine Königstochter
nahm der Königssohn. –

Sieben Jahre gingen,
und die Nessel stand
Sieben Jahr an jedem
deutschen Straßenrand.
Wer hat Treu gehalten?
Gott alleine weiß,
Ob nicht wunde Treue
brennet doppelt heiß!

Bei der Jagd im Walde
stand mit schwerem Sinn,
Stand am Knick der König
bei der Königin,

Nesselblatt zum Munde
hob er wie gebannt,
Und die Lippe brannte,
wie sie einst gebrannt:

"Brennettelbusch,
Brennettelbusch so kleene,
Wat steihst du so alleene!
Brennettelbusch,
Wo ist myn Tyd geblewen,
Un wo is myn Maleen?"

"Sprichst mit fremder Zunge?"
frug die Königin,
"So sang ich als Junge",
sprach er vor sich hin.
Heim sie ritten schweigend,
Abend hing im Land –
Seine Lippen brannten,
wie sie einst gebrannt!

Durch den Garten streifte
still die Königin,
Zu der Magd am Flusse
trat sie heimlich hin,
Welche Wäsche spülte
noch im Sternenlicht,
Tränen sahn die Sterne
auf der Magd Gesicht:

"Brennettelbusch,
Brennettelbusch so kleene,
Wat steihst du so alleene!
Brennettelbusch
Ik hev de Tyd eweten,
Dar was ik nich allen!"

Sprach die Dame leise:
"Sah ich dein Gesicht
Unter dem Gesinde?
Nein, ich sah es nicht!"
Sprach das Mädchen leiser:
"Konntest es nicht sehn,
Gestern bin ich kommen,
und ich heiß Maleen!"

Viele Wellen wallen
weit ins graue Meer,
Eilig sind die Wellen,
ihre Hände leer,
Eine schleicht so langsam
mit den Schwestern hin,
Trägt in nassen Armen
eine Königin. –

Liebe fragt Liebe:
"Sag, weshalb du weinst?"
Raunte Lieb zur Liebe:
"Heut ist nicht mehr einst!"

Liebe klagte Liebe:
"Ist's nicht wie vorher?"
Sprach zur Liebe Liebe:
"Nimmer-nimmermehr!"
                Börries Freiherr von Münchhausen

Das Grab im Busento

Nächtlich am Busento lispeln
bei Cosenza dumpfe Lieder;
Aus den Wassern schallt es Antwort,
und in Wirbeln klingt es wider.

Und den Fluß hinauf, hinunter
ziehn die Schatten tapfrer Goten,
Die den Alarich beweinen,
ihres Volkes besten Toten.

Allzufrüh und fern der Heimat
mussten hier sie ihn begraben,
Während noch die Jugendlocken
seine Schultern blond umgaben.

Und am Ufer des Busento
reihten sie sich um die Wette;
Um die Strömung abzuleiten,
gruben sie ein frisches Bette.

In der wogenleeren Höhlung
wühlten sie empor die Erde,
Senkten tief hinein den Leichnam
mit der Rüstung, auf dem Pferde;

Deckten dann mit Erde wieder
ihn und seine stolze Habe,
Daß die hohen Stromgewächse
wüchsen aus dem Heldengrabe.

Abgelenkt zum zweiten Male,
ward der Fluß herbeigezogen;
Mächtig in ihr altes Bette
schäumten die Busentowogen.

Und es sang ein Chor von Männern:
"Schlaf in deinen Heldenehren!
Keines Römers schnöde Habsucht
soll dir je dein Grab versehren!"

Sangen's, und die Lobgesänge
tönten fort im Gotenheere;
Wälze sie, Busentowelle,
wälze sie von Meer zu Meere!

August Graf von Platen

Vom Bäumlein, das andere Blätter hat gewollt

Es ist ein Bäumlein gestanden im Wald,
in gutem und schlechtem Wetter;
das hat von unten bis oben nur
Nadeln gehabt statt Blätter;
die Nadeln, die haben gestochen,
das Bäumlein, das hat gesprochen:

Alle meine Kameraden
haben schöne Blätter an,
und ich habe nur Nadeln,
niemand rührt mich an;
dürft' ich wünschen, wie ich wollt',
wünscht' ich mir Blätter von lauter Gold.

Wie's Nacht ist, schläft das Bäumlein ein,
und früh ist's aufgewacht;
da hatt' es goldene Blätter fein,
das war eine Pracht!
Das Bäumlein spricht: Nun bin ich stolz;
goldne Blätter hat kein Baum im Holz.

Aber wie es Abend ward,
ging der Jude durch den Wald,
mit großem Sack und großem Bart,
der sieht die goldnen Blätter bald;
er steckt sie ein, geht eilends fort,
und läßt das leere Bäumlein dort.

Das Bäumlein spricht mit Grämen:
Die goldnen Blättlein dauern mich;
ich muß vor den andern mich schämen,
sie tragen so schönes Laub an sich;
dürft' ich mir wünschen noch etwas,
so wünscht' ich mir Blätter von hellem Glas.

Da schlief das Bäumlein wieder ein,
und früh ist's wieder aufgewacht;
da hatt' es glasene Blätter fein,
das war eine Pracht!
Das Bäumlein spricht: Nun bin ich froh;
kein Baum im Walde glitzert so.

Da kam ein großer Wirbelwind
mit einem argen Wetter,
der fährt durch alle Bäume geschwind,
und kommt an die glasenen Blätter;
da lagen die Blätter von Glase
zerbrochen in dem Grase.

Das Bäumlein spricht mit Trauern:
Mein Glas liegt in dem Staub,
die andern Bäume dauern
mit ihrem grünen Laub;
wenn ich mir noch was wünschen soll,
wünsch' ich mir grüne Blätter wohl.

Das schlief das Bäumlein wieder ein,
und wieder früh ist's aufgewacht;
da hatt' es grüne Blätter fein,
das Bäumlein lacht,
und spricht: Nun hab' ich doch Blätter auch,
daß ich mich nicht zu schämen brauch'.

Da kommt mit vollem Euter
die alte Geiß gesprungen;
sie sucht sich Gras und Kräuter
für ihre Jungen;
sie sieht das Laub, und fragt nicht viel,
sie frißt es ab mit Stumpf und Stiel.

Da war das Bäumlein wieder leer,
es sprach nun zu sich selber:
Ich begehre nun keine Blätter mehr,
weder grüner, noch roter, noch gelber!
Hätt' ich nur meine Nadeln,
ich wollte sie nicht tadeln.

Und traurig schlief das Bäumlein ein,
und traurig ist es aufgewacht;
da besieht es sich im Sonnenschein,
und lacht und lacht!
Alle Bäume lachen's aus;
das Bäumlein macht sich aber nichts draus.

Warum hat's Bäumlein denn gelacht,
und warum denn seine Kameraden?
Es hat bekommen in einer Nacht
wieder alle seine Nadeln,
daß jedermann es sehen kann;
geh 'naus, sieh's selbst, doch rühr's nicht an.
Warum denn nicht?
Weil's sticht.

Friedrich Rückert

Die Teutoburger Schlacht

Als die Römer frech geworden,
zogen sie nach Deutschlands Norden,
vorne beim Trompetenschall
ritt der Generalfeldmarschall,
Herr Quinctilius Varus.

Doch im Teutoburger Walde
huh, wie pfiff der Wind so kalte;
Raben flogen durch die Luft
und es war ein Moderduft
wie von Blut und Leichen.

Plötzlich aus des Waldes Duster
brachen krampfhaft die Cherusker;
mit Gott für Fürst und Vaterland
stürmten sie von Wut entbrannt
gegen die Legionen.

Weh! das ward ein großes Morden.
Sie erschlugen die Kohorten;
nur die römsche Reiterei
rettete sich noch in's Frei',
denn sie war zu Pferde.

O Quinctili! armer Feldherr!
Dachtest du, daß so die Welt wär'?
Er geriet in einen Sumpf,
velor zwei Stiefel und ein' Strumpf
und blieb elend stecken.

Da sprach er voll Ärgernussen
zum Centurio Titiussen:
"Kamerad, zeuch mein Schwert hervor
und von hinten mich durchbohr',
da doch alles futsch ist."

In dem armen römschen Heere
diente auch als Volontäre
Gcävola, ein Rechtskan'dat,
den man schönd gefangen hat,
wie die andern alle.

Diesem ist es schlimm ergangen;
eh daß man ihn aufgehangen
stach man ihn durch Zung' und Herz,
nagelte ihn hinterwärts
auf sein Corpus Juris.

Als die Waldschlacht war zu Ende,
rieb Fürst Hermann sich die Hände,
und um seinen Sieg zu weihn
lud er die Cherusker ein
zu 'nem großen Frühstück.

Nur in Rom war man nicht heiter,
sondern kaufte Trauerkleider.
G'rade als beim Mittagsmahl
Augustus saß im Kaisersaal,
kam die Trauerbotschaft.

Erst blieb ihm vor jähem Schrecken
ein Stück Pfau im Halse stecken,
dann geriet er außer sich
und schrie: "Varus, Fluch auf dich!
Redde Legiones!"

Sein deutscher Sklave, Schmidt geheißen,
dacht': "Ihn soll das Mäusle beißen,
wenn er sie je wieder kriegt,
denn wer einmal tot da liegt,
wird nicht mehr lebendig."

Und zu Ehren der Geschichten
tat ein Denkmal man errichten,
Deutschlands Kraft und Einigkeit
verkündet es jetzt weit und breit:
"Mögen sie nur kommen!"

Joseph Victor von Scheffel

Das Lied von der Glocke

Fest gemauert in der Erden
Steht die Form, aus Lehm gebrannt.
Heute muß die Glocke werden!
Frisch, Gesellen, seid zur Hand!
Von der Stirne heiß
Rinnen muß der Schweiß,
Soll das Werk den Meister loben,
Doch der Segen kommt von oben.

Zum Werke, das wir ernst bereiten,
Geziemt sich wohl ein ernstes Wort;
Wenn gute Reden sie begleiten,
Dann fließt die Arbeit munter fort.
So laßt uns jetzt mit Fleiß betrachten,
Was durch die schwache Kraft entspringt:
Den schlechten Mann muß man verachten,
Der nie bedacht, was er vollbringt.
Das ist's ja, was den Menschen zieret,
Und dazu ward ihm der Verstand,
Daß er im innern Herzen spüret,
Was er erschafft mit seiner Hand.

Nehmet Holz vom Fichtenstamme,
Doch recht trocken laßt es sein,
Daß die eingepreßte Flamme
Schlage zu dem Schwalch hinein.
Kocht des Kupfers Brei,
Schnell das Zinn herbei,

Daß die zähe Glockenspeise
Fließe nach der rechten Weise.

Was in des Dammes tiefer Grube
Die Hand mit Feuers Hilfe baut,
Hoch auf des Turmes Glockenstube
Da wird es von uns zeugen laut.
Noch dauern wird's in späten Tagen
Und rühren vieler Menschen Ohr,
Und wird mit dem Betrübten klagen,
Und stimmen zu der Andacht Chor.
Was unten tief dem Erdensohne
Das wechselnde Verhängnis bringt,
Das schlägt an die metallne Krone,
Die es erbaulich weiter klingt.

Weiße Blasen seh' ich springen,
Wohl! die Massen sind im Fluß.
Laßt's mit Aschensalz durchdringen,
Das befördert schnell den Guß.
Auch von Schaume rein
Muß die Mischung sein,
Daß vom reinlichen Metalle
Rein und voll die Stimme schalle.

Denn mit der Freude Feierklange
Begrüßt sie das geliebte Kind
Auf seines Lebens erstem Gange,

Den es in Schlafes Arm beginnt;
Ihm ruhen noch im Zeitenschoße
Die schwarzen und die heitern Lose,
Der Mutterliebe zarte Sorgen
Bewachen seinen goldnen Morgen –
Die Jahre fliehen pfeilgeschwind.

Vom Mädchen reißt sich stolz der Knabe,
Er stürmt in's Leben wild hinaus,
Durchmißt die Welt am Wanderstabe,
Fremd kehrt er heim ins Vaterhaus,
Und herrlich, in der Jugend Prangen,
Wie ein Gebild aus Himmels Höh'n,
Mit züchtigen, verschämten Wangen
Sieht er die Jungfrau vor sich stehn.

Da faßt ein namenloses Sehnen
Des Jünglings Herz, er irrt allein,
Aus seinen Augen brechen Tränen,
Er flieht der Brüder wilden Reih'n.
Errötend folgt er ihren Spuren,
Und ist von ihrem Gruß beglückt,
Das schönste sucht er auf den Fluren,
Womit er seine Liebe schmückt.

O zarte Sehnsucht, süßes Hoffen,
Der ersten Liebe goldne Zeit,
Das Auge sieht den Himmel offen,

Es schwelgt das Herz in Seligkeit,
O daß sie ewig grünen bliebe,
Die schöne Zeit der jungen Liebe!

Wie sich schon die Pfeifen bräunen!
Dieses Stäbchen tauch' ich ein,
Sehn wir's überglast erscheinen,
Wird's zum Gusse zeitig sein.
Jetzt, Gesellen, frisch!
Prüft mir das Gemisch,
Ob das Spröde mit dem Weichen
Sich vereint zum guten Zeichen.

Denn wo das Strenge mit dem Zarten,
Wo Starkes sich und Mildes paarten,
Da gibt es einen guten Klang.
Drum prüfe, wer sich ewig bindet,
Ob sich das Herz zum Herzen findet!
Der Wahn ist kurz, die Reu ist lang.

Lieblich in der Bräute Locken
Spielt der jungfräuliche Kranz,
Wenn die hellen Kirchenglocken
Laden zu des Festes Glanz.
Ach! des Lebens schönste Feier
Endigt auch den Lebens-Mai,
Mit dem Gürtel, mit dem Schleier
Reißt der schöne Wahn entzwei.

Die Leidenschaft flieht,
Die Liebe muß bleiben;
Die Blume verblüht,
Die Frucht muß treiben.
Der Mann muß hinaus
In's feindliche Leben,
Muß wirken und streben
Und pflanzen und schaffen,
Erlisten, erraffen,
Muß wetten und wagen,
Das Glück zu erjagen.
Da strömet herbei die unendliche Gabe,
Es füllt sich der Speicher mit köstlicher Habe,
Die Räume wachsen, es dehnt sich das Haus.

Und drinnen waltet
Die züchtige Hausfrau,
Die Mutter der Kinder,
Und herrschet weise
Im häuslichen Kreise,
Und lehret die Mädchen,
und wehret den Knaben,
Und reget ohn' Ende
Die fleißigen Hände,
Und mehrt den Gewinn
Mit ordnendem Sinn.
Und füllt mit Schätzen die duftenden Laden,
Und dreht um die schnurrende Spindel
den Faden,

Und sammelt im reinlich geglätteten Schrein
Die schimmernde Wolle, den schneeigen Lein,
Und füget zum Guten den Glanz
und den Schimmer,
Und ruhet nimmer.

Und der Vater mit frohem Blick
Von des Hauses weitschauendem Giebel
Überzählet sein blühend Glück,
Siehet der Pfosten ragende Bäume,
Und der Scheunen gefüllte Räume
Und die Speicher, vom Segen gebogen,
Und des Kornes bewegte Wogen,
Rühmt sich mit stolzem Mund:
Fest, wie der Erde Grund,
Gegen des Unglücks Macht
Steht mir das Hauses Pracht!
Doch mit des Geschickes Mächten
Ist kein ew'ger Bund zu flechten,
Und das Unglück schreitet schnell.

Wohl! Nun kann der Guß beginnen,
Schön gezacket ist der Bruch.
Doch, bevor wir's lassen rinnen,
Betet einen frommen Spruch!
Stoßt den Zapfen aus!
Gott bewahr' das Haus.
Rauchend in des Henkels Bogen
Schießt's mit feuerbraunen Wogen.

Wohltätig ist des Feuers Macht,
Wenn sie der Mensch bezähmt, bewacht,
Und was er bildet, was er schafft,
Das dankt er dieser Himmelskraft;
Doch furchtbar wird die Himmelskraft,
Wenn sie der Fessel sich entrafft,
Einhertritt auf der eignen Spur
Die freie Tochter der Natur.
Wehe, wenn sie losgelassen,
Wachsend ohne Widerstand
Durch die volkbelebten Gassen
Wälzt den ungeheuren Brand!
Denn die Elemente hassen
Das Gebild' der Menschenhand.

Aus der Wolke
Quillt der Segen,
Strömt der Regen;
Aus der Wolke, ohne Wahl,
Zuckt der Strahl!
Hört ihr's wimmern hoch vom Turm!
Das ist Sturm!
Rot wie Blut
Ist der Himmel,
Das ist nicht des Tages Glut!
Welch Getümmel
Straßen auf!
Dampf wallt auf!

Flackernd steigt die Feuersäule,
Durch der Straße lange Zeile
Wächst es fort mit Windeseile,
Kochend wie aus Ofens Rachen
Glühn die Lüfte, Balken krachen,
Pfosten stürzen, Fenster klirren,
Kinder jammern, Mütter irren,
Tiere wimmern,
Unter Trümmern,
Alles rennet, rettet, flüchtet,
Taghell ist die Nacht gelichtet.
Durch der Hände lange Kette
Um die Wette
Fliegt der Eimer, hoch im Bogen
Spritzen Quellen, Wasserwogen.

Heulend kommt der Sturm geflogen,
Der die Flamme brausend sucht.
Prasselnd in die dürre Frucht
Fällt sie, in des Speichers Räume,
In der Sparren dürre Bäume,
Und als wollte sie im Wehen
Mit sich fort der Erde Wucht
Reissen, in gewalt'ger Flucht,
Wächst sie in des Himmels Höhen
Riesengroß!

Hoffnungslos
Weicht der Mensch der Götterstärke,

Müßig sieht er seine Werke
Und bewundernd untergehen.

Leergebrannt
Ist die Stätte,
Wilder Stürme rauhes Bette,
In den öden Fensterhöhlen
Wohnt das Grauen,
Und des Himmels Wolken schauen
Hoch hinein.

Einen Blick
Nach dem Grabe
Seiner Habe
Sendet noch der Mensch zurück –
Greift fröhlich dann zum Wanderstabe,
Was Feuers Wut ihm auch geraubt,
Ein süßer Trost ist ihm geblieben:
Er zählt die Häupter seiner Lieben
Und sieh! ihm fehlt kein teures Haupt.

In die Erd' ist's aufgenommen,
Glücklich ist die Form gefüllt,
Wird's auch schön zu Tage kommen,
Daß es Fleiß und Kunst vergilt?
Wenn der Guß mißlang?
Wenn die Form zersprang?
Ach! vielleicht, indem wir hoffen,
Hat uns Unheil schon getroffen.

Dem dunkeln Schoß der heil'gen Erde
Vertrauen wir der Hände Tat,
Vertraut der Sämann seine Saat
Und hofft, daß sie entkeimen werde
Zum Segen, nach des Himmels Rat.
Noch köstlicheren Samen bergen
Wir trauernd in der Erde Schoß,
Und hoffen, daß er aus den Särgen
Erblühen soll zu schönerm Los.

Von dem Dome,
Schwer und bang,
Tönt die Glocke
Grabgesang.
Ernst begleiten ihre Trauerschläge
Einen Wandrer auf dem letzten Wege.

Ach! die Gattin ist's, die teure,
Ach! es ist die treue Mutter,
Die der schwarze Fürst der Schatten
Wegführt aus dem Arm des Gatten,
Aus der zarten Kinder Schar,
Die sie blühend ihm gebar,
Die sie an der treuen Brust
Wachsen sah mit Mutterlust –
Ach! des Hauses zarte Bande
Sind gelöst auf immerdar,
Denn sie wohnt im Schattenlande,
Die des Hauses Mutter war,

Denn es fehlt ihr treues Walten,
Ihre Sorge wacht nicht mehr,
An verwaister Stätte schalten
Wird die Fremde, liebeleer.

Bis die Glocke sich verkühlet,
Laßt die strenge Arbeit ruhn,
Wie im Laub der Vogel spielet,
Mag sich jeder gütlich tun.
Winkt der Sterne Licht,
Ledig aller Pflicht,
Hört der Bursch die Vesper schlagen,
Meister muß sich immer plagen.

Munter fördert seine Schritte
Fern im wilden Forst der Wandrer
Nach der lieben Heimathütte.
Blökend ziehen heim die Schafe,
Und die Rinder
Breitgestirnte, glatte Scharen
Kommen brüllend,
Die gewohnten Ställe füllend.
Schwer herein
Schwankt der Wagen,
Kornbeladen,
Bunt von Farben
Auf den Garben
Liegt der Kranz,
Und das junge Volk der Schnitter

Fliegt zum Tanz.
Markt und Straßen werden stiller,
Um des Licht's gesell'ge Flamme
Sammeln sich die Hausbewohner,
Und das Stadttor schließt sich knarrend.

Schwarz bedecket
Sich die Erde,
Doch den sichern Bürger schrecket
Nicht die Nacht,
Die den Bösen gräßlich wecket,
Denn das Auge des Gesetzes wacht.

Heil'ge Ordnung, segenreiche
Himmelstochter, die das Gleiche
Frei und leicht und freudig bindet,
Die der Städte Bau gegründet,
Die herein von den Gefilden
Rief den ungesell'gen Wilden,
Eintrat in der Menschen Hütten,
Sie gewöhnt zu sanften Sitten,
Und das teuerste der Bande
Wob, den Trieb zum Vaterlande!

Tausend fleiß'ge Hände regen,
Helfen sich in munterm Bund
Und in feurigem Bewegen
Werden alle Kräfte kund.
Meister rührt sich und Geselle

In der Freiheit heil'gem Schutz.
Jeder freut sich seiner Stelle,
Bietet dem Verächter Trutz.
Arbeit ist des Bürgers Zierde,
Segen ist der Mühe Preis,
Ehrt den König seine Würde,
Ehret uns der Hände Fleiß.

Holder Friede,
Süße Eintracht,
Weilet, weilet
Freundlich über dieser Stadt!
Möge nie der Tag erscheinen,
Wo des rauhen Krieges Horden
Dieses stille Tal durchtoben,
Wo der Himmel,
Den des Abends sanfte Röte
Lieblich malt,
Von der Dörfer, von der Städte
Wildem Brande schrecklich strahlt!

Nun zerbrecht mir das Gebäude,
Seine Absicht hat's erfüllt,
Daß sich Herz und Auge weide
An dem wohlgelungnen Bild.
Schwingt den Hammer, schwingt,
Bis der Mantel springt,
Wenn die Glock' soll auferstehen,
Muß die Form in Stücken gehen.

Der Meister kann die Form zerbrechen
Mit weiser Hand, zur rechten Zeit,
Doch wehe, wenn in Flammenbächen
Das glühnde Erz sich selbst befreit!
Blindwütend mit des Donners Krachen
Zersprengt es das geborstne Haus,
Und wie aus offnem Höllenrachen
Speit es Verderben zündend aus;
Wo rohe Kräfte sinnlos walten,
Da kann sich kein Gebild gestalten,
Wenn sich die Völker selbst befrein,
Dann kann die Wohlfahrt nicht gedeihn.

Weh, wenn sich in dem Schoß der Städte
Der Feuerzunder still gehäuft,
Das Volk, zerreißend seine Kette,
Zur Eigenhilfe schrecklich greift!
Da zerret an der Glocke Strängen
Der Aufruhr, daß sie heulend schallt,
Und, nur geweiht zur Friedensklängen,
Die Losung anstimmt zur Gewalt.

Freiheit und Gleichheit! hört man schallen,
Der ruh'ge Bürger greift zur Wehr,
Die Straßen füllen sich, die Hallen,
Und Würgerbanden ziehn umher,
Da werden Weiber zu Hyänen
Und treiben mit Entsetzen Scherz,
Noch zuckend, mit des Panthers Zähnen,

Zerreissen sie des Feindes Herz.
Nichts Heiliges ist mehr, es lösen
Sich alle Bande frommer Scheu,
Der Gute räumt den Platz dem Bösen,
Und alle Laster walten frei.

Gefährlich ist's, den Leu zu wecken,
Verderblich ist des Tigers Zahn,
Jedoch der schrecklichste der Schrecken,
Das ist der Mensch in seinem Wahn.
Weh' denen, die dem Ewigblinden
Des Lichtes Himmelsfackel leihn!
Sie strahlt ihm nicht, sie kann nur zünden
Und äschert Städt' und Länder ein.

Freude hat mir Gott gegeben!
Sehet! wie ein goldner Stern
Aus der Hülse, blank und eben,
Schält sich der metallne Kern.
Von dem Helm zum Kranz
Spielt's wie Sonnenglanz,
Auch des Wappens nette Schilder
Loben den erfahrnen Bilder.

Herein! herein!
Gesellen alle, schließt den Reihen,
Daß wir die Glocke taufend weihen,
Concordia soll ihr Name sein,

Zur Eintracht, zu herzinnigem Vereine
Versammle sie die liebende Gemeine.

Und dies sei fortan ihr Beruf,
Wozu der Meister sie erschuf:
Hoch über'm niedern Erdenleben
Soll sie in blauem Himmelszelt
Die Nachbarin des Donners schweben
Und grenzen an die Sternenwelt,
Soll eine Stimme sein von oben,
Wie der Gestirne helle Schar,
Die ihren Schöpfer wandelnd loben
Und führen das bekränzte Jahr.
Nur ewigen und ernsten Dingen
Sei ihr metallner Mund geweiht,
Und stündlich mit den schnellen Schwingen
Berühr' im Fluge sie die Zeit,
Dem Schicksal leihe sie die Zunge,
Selbst herzlos, ohne Mitgefühl,
Begleite sie mit ihrem Schwunge
Des Lebens wechselvolles Spiel.
Und wie der Klang im Ohr vergehet,
Der mächtig tönend ihr entschallt,
So lehre sie, daß nichts bestehet,
Daß alles Irdische verhallt.

Jetzo mit der Kraft des Stranges
Wiegt die Glock' mir aus der Gruft,
Daß sie in das Reich des Klanges

Steige, in die Himmelsluft.
Ziehet, ziehet, hebt!
Sie bewegt sich, schwebt.
Freude dieser Stadt bedeute,
Friede sei ihr erst' Geläute.

Friedrich von Schiller

Der Taucher

"Wer wagt es, Rittersmann oder Knapp,
Zu tauchen in diesen Schlund?
Einen goldnen Becher werf ich hinab,
Verschlungen schon hat ihn der schwarze Mund.
Wer mir den Becher kann wieder zeigen,
Er mag ihn behalten, er ist sein eigen."

Der König spricht es und wirft von der Höh
Der Klippe, die schroff und steil
Hinaushängt in die unendliche See,
Den Becher in der Charybde Geheul.
"Wer ist der Beherzte, ich frage wieder,
Zu tauchen in diese Tiefe nieder?"

Und die Ritter, die Knappen um ihn her
Vernehmen's und schweigen still,
Sehen hinab in das wilde Meer,
Und keiner den Becher gewinnen will.
Und der König zum drittenmal wieder fraget:
"Ist keiner, der sich hinunter waget?"

Doch alles noch stumm bleibt wie zuvor;
Und ein Edelknecht, sanft und keck,
Tritt aus der Knappen zagendem Chor,
Und den Gürtel wirft er, den Mantel weg,
Und alle die Männer umher und Frauen
Auf den herrlichen Jüngling verwundert schauen.

Und wie er tritt an des Felsen Hang
Und blickt in den Schlund hinab,
Die Wasser, die sie hinunterschlang,
Die Charybde jetzt brüllend wiedergab,
Und wie mit des fernen Donners Getose
Entstürzen sie schäumend dem finstern Schoße.

Und es wallet und siedet und brauset und zischt,
Wie wenn Wasser mit Feuer sich mengt,
Bis zum Himmel spritzet der dampfende Gischt,
Und Flut auf Flut sich ohn Ende drängt
Und will sich nimmer erschöpfen und leeren,
Als wollte das Meer noch ein Meer gebären.

Doch endlich, da legt sich die wilde Gewalt,
Und schwarz aus dem weißen Schaum
Klafft hinunter ein gähnender Spalt,
Grundlos, als ging's in den Höllenraum,
Und reißend sieht man die brandenden Wogen
Hinab in den strudelnden Trichter gezogen.

Jetzt schnell, eh die Brandung wiederkehrt,
Der Jüngling sich Gott befiehlt,
Und - ein Schrei des Entsetzens wird rings gehört,
Und schon hat ihn der Wirbel hinweggespült,
Und geheimnisvoll über dem kühnen Schwimmer
Schließt sich der Rachen; er zeigt sich nimmer.

Und stille wird's über dem Wasserschlund,
In der Tiefe nur brauset es hohl;
Und bebend hört man von Mund zu Mund:
"Hochherziger Jüngling, fahre wohl!"
Und hohler und hohler hört man's heulen,
Und es harrt noch mit bangem, mit
schrecklichem Weilen.

Und wärfst du die Krone selber hinein
Und sprächst: "Wer mir bringet die Kron,
Er soll sie tragen und König sein",
Mich gelüstet nicht nach dem teuren Lohn.
Was die heulende Tiefe da unten verhehle,
Das erzählt keine lebende glückliche Seele.

Wohl manches Fahrzeug, vom Studel gefaßt,
Schoß gäh in die Tiefe hinab,
Doch zerschmettert nur rangen sich Kiel und Mast
Hervor aus dem alles verschlingenden Grab. -

Und heller und heller, wie Sturmes Sausen,
Hört man's näher und immer näher brausen.

Und es wallet und siedet und brauset und zischt,
Wie wenn Wasser mit Feuer sich mengt,
Bis zum Himmel spritzet der dampfende Gischt,
Und Well auf Well sich ohn Ende drängt,
Und wie mit des fernen Donners Getose
Entstürzt es brüllend dem finstern Schoße.

Und sieh! aus dem finster flutenden Schoß
Da hebet sich's schwanenweiß,
Und ein Arm und ein glänzender Nacken wird bloß,
Und es rudert mit Kraft und mit emsigem Fleiß,
Und er ist's, und hoch in seiner Linken
Schwingt er den Becher mit freudigem Winken.

Und atmete lang und atmete tief
Und begrüßte das himmlische Licht.
Mit Frohlocken es einer dem andern rief:
"Er lebt! Er ist da! Es behielt ihn nicht!
Aus dem Grab, aus der strudelnden Wasserhöhle
Hat der Brave gerettet die lebende Seele!"

Und er kommt; es umringt ihn die jubelnde Schar;
Zu des Königs Füßen er sinkt,
Den Becher reicht er ihm kniend dar,
Und der König der lieblichen Tochter winkt,
Die füllt ihn mit funkelndem Wein bis zum Rande,
Und der Jüngling sich also zum König wandte:

"Lang lebe der König! Es freue sich,
Wer da atmet im rosigen Licht!
Da unten aber ist's fürchterlich,
Und der Mensch versuche die Götter nicht
Und begehre nimmer und nimmer zu schauen,
Was sie gnädig bedecken mit Nacht und Grauen.

Es riß mich hinunter blitzesschnell,
Da stürzt' mir aus felsigem Schacht
Wildflutend entgegen ein reißender Quell;
Mich packte des Doppelstroms wütende Macht,
Und wie einen Kreisel mit schwindelndem Drehen
Trieb mich's um, ich konnte nicht widerstehen.

Da zeigte mir Gott, zu dem ich rief,
in der höchsten schrecklichen Not,
Aus der Tiefe ragend ein Felsenriff;
Das erfaßte ich behend und entrann dem Tod.
Und da hing auch der Becher an spitzen Korallen,
Sonst wär er ins Bodenlose gefallen.

Denn unter mir lag's noch bergetief
In purpurner Finsternis da;
Und ob's hier dem Ohre gleich ewig schlief,
Das Auge mit Schaudern hinuntersah,
Wie's von Salamandern und Molchen und Drachen
Sich regt' in dem furchtbaren Höllenrachen.

Schwarz wimmelten da, in grausem Gemisch,
Zu scheußlichen Klumpen geballt,
Der stachlichte Roche, der Klippenfisch,
Des Hammers greuliche Ungestalt,
Und dräuend wies mir die grimmigen Zähne
Der entsetzliche Hai, des Meeres Hyäne.

Und da hing ich und war's mir
mit Grausen bewußt,
Von der menschlichen Hilfe so weit,
Unter Larven die einzige fühlende Brust,
Allein in der gräßlichen Einsamkeit,
Tief unter dem Schall der menschlichen Rede
Bei den Ungeheuern der traurigen Öde.

Und schaudernd dacht ich's, da kroch's heran,
Regte hundert Gelenke zugleich,
Will schnappen nach mir; in des Schreckens Wahn
Laß ich los der Koralle umklammerten Zweig;
Gleich faßt mich der Strudel mit rasendem Toben,
Doch er war mir zum Heil, er riß mich nach oben."

Der König darob sich verwundert schier
Und spricht: "Der Becher ist dein;
Und diesen Ring noch bestimm ich dir,
Geschmückt mit dem köstlichsten Edelgestein,
Versuchst du's noch einmal und bringst mir Kunde,
Was du sahst auf des Meeres tiefunterstem Grunde."

Das hörte die Tochter mit weichem Gefühl,
Und mit schmeichelndem Munde sie fleht:
"Laßt, Vater, genug sein das grausame Spiel!
Er hat Euch bestanden, was keiner besteht,
Und könnt Ihr des Herzens Gelüste nicht zähmen,
So mögen die Ritter den Knappen beschämen."

Drauf der König greift nach dem Becher schnell,
In den Strudel ihn schleudert hinein:
"Und schaffst du den Becher mir wieder zur Stell,
So sollst du der trefflichste Ritter mir sein
Und sollst sie als Ehgemahl heut noch umarmen,
Die jetzt für dich bittet mit zartem Erbarmen."

Da ergreift's ihm die Seele mit Himmelsgewalt,
Und es blitzt aus den Augen ihm kühn,
Und er siehet erröten die schöne Gestalt
Und sieht sie erbleichen und sinken hin -
Da treibt's ihn, den köstlichen Preis zu erwerben,
Und stürzt hinunter auf Leben und Sterben.

Wohl hört man die Brandung,
wohl kehrt sie zurück,
Sie verkündigt der donnernde Schall;
Da bückt sich's hinunter mit liebendem Blick -
Es kommen, es kommen die Wasser all,
Sie rauschen herauf, sie rauschen nieder,
Den Jüngling bringt keines wieder.

Friedrich von Schiller

Der Ring der Polykrates

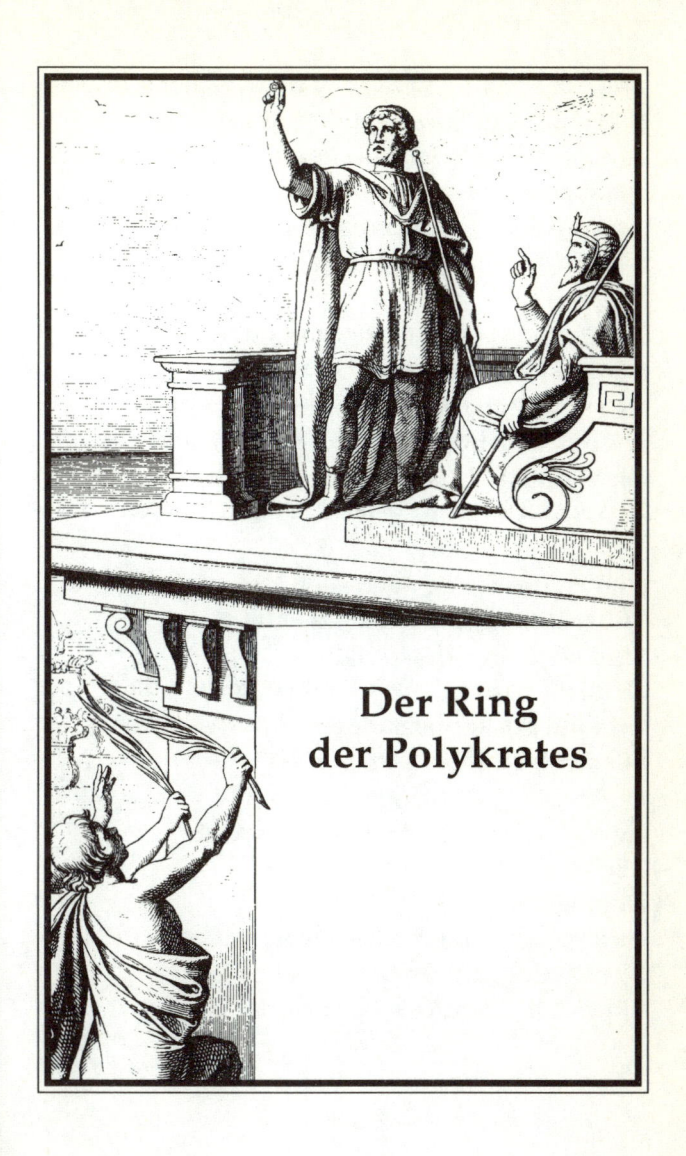

Er stand auf seines Daches Zinnen,
Er schaute mit vergnügten Sinnen
Auf das beherrschte Samos hin.
"Dies alles ist mit untertänig",
Begann er zu Ägyptens König,
"Gestehe, daß ich glücklich bin."

"Du hast der Götter Gunst erfahren!
Die vormals deinesgleichen waren,
Sie zwingt jetzt deines Zepters Macht.
Doch einer lebt noch, sie zu rächen,
Dich kann mein Mund nicht glücklich sprechen,
Solang des Feindes Auge wacht."

Und eh der König noch geendet,
Da stellt sich, von Milet gesendet,
Ein Bote dem Tyrannen dar:
"Laß, Herr! des Opfers Düfte steigen,
Und mit des Lorbeers muntren Zweigen
Bekränze dir dein festlich Haar.

Getroffen sank der Feind vom Speere,
Mich sendet mit der frohen Märe
Dein treuer Feldherr Polydor –"
Und nimmt aus einem schwarzen Becken,
Noch blutig, zu der beiden Schrecken,
Ein wohlbekanntes Haupt hervor.

Der König tritt zurück mit Grauen:
"Doch warn ich dich, dem Glück zu trauen",
Versetzt er mit besogtem Blick.
"Bedenk, auf ungetreuen Wellen,
wie leicht kann sie der Sturm zerschellen,
Schwimmt deiner Flotte zweifelnd Glück."

Und eh er noch das Wort gesprochen,
Hat ihn der Jubel unterbrochen,
Der von der Reede jauchzend schallt.
Mit fremden Schätzen reich beladen,
Kehrt zu den heimischen Gestaden
Der Schiffe mastenreicher Wald.

Der königliche Gast erstaunet:
"Dein Glück ist heute gut gelaunet,
Doch fürchte seinen Unbestand.
Der Kreter waffenkundge Scharen
Bedräuen dich mit Kriegsgefahren,
Schon nahe sind sie diesem Strand."

Und eh ihm noch das Wort entfallen,
Da sieht mans von den Schiffen wallen,
und tausend Stimmen rufen: "Sieg!
Von Feindesnot sind wir befreiet,
Die Kreter hat der Surm zerstreuet,
Vorbei, geendet ist der Krieg."

Das hört der Gastfreund mit Entsetzen.
"Fürwahr, ich muß dich glücklich schätzen,
Doch", spricht er, "zittr' ich für dein Heil.
Mir grauet vor der Götter Neide:
Des Lebens ungemischte Freude
Ward keinem Irdischen zuteil.

Auch mir ist alles wohlgeraten,
Bei allen meinen Herrschertaten
Begleitet mich des Himmels Huld;
Doch hatt ich einen teuren Erben,
Den nahm mir Gott, ich sah ihn sterben,
Dem Glück bezahlt ich meine Schuld.

Drum, willst du dich vor Leid bewahren,
So flehe zu den Unsichtbaren,
Daß sie zum Glück den Schmerz verleihn.
Noch keinen sah ich fröhlich enden,
Auf den mit immer vollen Händen
Die Götter ihre Gaben streun.

Und wenns die Götter nicht gewähren,
So acht auf eines Freundes Lehren
Und rufe selbst das Unglück her,
Und was von allen deinen Schätzen
Dein Herz am höchsten mag ergötzen,
Das nimm und wirfs in dieses Meer."

Und jener spricht, von Furcht beweget:
"Von allem, was die Insel heget,
Ist dieser Ring mein höchstes Gut.
Ihn will ich den Erinnen weihen,
Ob sie mein Glück mir dann verzeihen –"
Und wirft das Kleinod in die Flut.

Und bei des nächsten Morgens Lichte,
Da tritt mit fröhlichem Gesichte
Ein Fischer vor den Fürsten hin:
"Herr, diesen Fisch hab ich gefangen,
Wie keiner noch ins Netz gegangen,
Dir zum Geschenke bring ich ihn."

Und als der Koch den Fisch zerteilet,
Kommt er bestürzt herbeigeeilet
Und ruft mit hocherstauntem Blick:
"Sieh, Herr, den Ring, den du getragen,
Ihn fand ich in des Fisches Magen,
O, ohne Grenzen ist dein Glück!"

Hier wendet sich der Gast mit Grausen:
"So kann ich hier nicht ferner hausen,
Mein Freund kannst du nicht weiter sein.
Die Götter wollen dein Verderben,
Fort eil' ich, nicht mit dir zu sterben."
Und sprach's und schiffte schnell sich ein.

Friedrich von Schiller

Der Reiter und
der Bodensee

Der Reiter reitet durchs helle Tal,
Auf Schneefeld schimmert der Sonne Strahl.

Er trabet im Schweiß durch den kalten Schnee,
Er will noch heut an den Bodensee;

Noch heut mit dem Pferd in den sichern Kahn,
Will drüben landen vor Nacht noch an.

Auf schlimmem Weg, über Dorn und Stein,
Er braust auf rüstigem Roß feldein.

Aus den Bergen heraus, ins ebene Land,
Da sieht er den Schnee sich dehnen wie Sand.

Weit hinter ihm schwinden Dorf und Stadt,
Der Weg wird eben, die Bahn wird glatt.

In weiter Fläche kein Bühl, kein Haus,
Die Bäume gingen, die Felsen aus;

So flieget er hin eine Meil und zwei,
Er hört in den Lüften der Schneegans Schrei;

Es flattert das Wasserhuhn empor,
Nicht anderen Laut vernimmt sein Ohr;

Keinen Wandersmann sein Auge schaut,
Der ihm den rechten Pfad vertraut.

Fort gehts, wie auf Samt, auf dem weichen Schnee,
Wann rauscht das Wasser, wann glänzt der See?

Da bricht der Abend, der frühe, herein:
Von Lichtern blinket ein ferner Schein.

Es hebt aus dem Nebel sich Baum an Baum,
Und Hügel schließen den weiten Raum.

Er spürt auf dem Boden Stein und Dorn,
Dem Rosse gibt er den scharfen Sporn.

Und Hunde bellen empor am Pferd,
Und es winkt im Dorf ihm der warme Herd.

"Willkommen am Fenster, Mägdelein,
An den See, an den See, wie weit mags sein?"

Die Maid, sie staunet den Reiter an:
"Der See liegt hinter dir und der Kahn.

Und deckt' ihn die Rinde von Eis nicht zu,
Ich spräch, aus dem Nachen stiegest du."

Der Fremde schaudert, er atmet schwer:
"Dort hinten die Ebne, die ritt ich her!"

Da recket die Magd die Arm in die Höh:
"Herr Gott! so rittest du über den See!

An den Schlund, an die Tiefe bodenlos,
Hat gepocht des rasenden Hufes Stoß!

Und unter dir zürnten die Wasser nicht?
Nicht krachte hinunter die Rinde dicht?

Und du wardst nicht die Speise der stummen Brut?
Der hungrigen Hecht' in der kalten Flut?"

Sie rufet das Dorf herbei zu der Mär,
Es stellen die Knaben sich um ihn her;

Die Mütter, die Greise, sie sammeln sich:
"Glückseliger Mann, ja, segne du dich!

Herein zum Ofen, zum dampfenden Tisch,
Brich mit uns das Brot und iß vom Fisch!"

Der Reiter erstarret auf seinem Pferd,
Er hat nur das erste Wort gehört.

Es stockte sein Herz, es sträubt sich sein Haar,
Dicht hinter ihm grinst noch die grause Gefahr.

Es siehet sein Blick nur den gräßlichen Schlund,
Sein Geist versinkt in den schwarzen Grund.

Im Ohr ihm donnerts wie krachend Eis,
Wie die Well umrieselt ihn kalter Schweiß.

Da seufzt er, da sinkt er vom Roß herab,
Da ward ihm am Ufer ein trocken Grab.
Gustav Schwab

Barbarossa

Erwacht ist im Kyffhäuser,
im dunkeln Bergeshaus,
Rotbart, der alte Kaiser,
wischt sich die Augen aus.

Dann ruft er seinem Zwerge,
dem treuen Diener sein:
"Geh! horch, ob noch am Berge
die Unglücksraben schrein."

Der geht und kehrt zur Stunde
mit schnellem Schritt zurück.
"Du bringst mir frohe Kunde,
ich seh's am frohen Blick."

"Ja, Glück und Heil, mein Kaiser!
Die Raben schrein nicht mehr;
es kreist um den Kyffhäuser
ein Aar in Lüften hehr.

"Und eine Krone funkelt
auf seinem Haupt so rein,
daß sie mit Glanz verdunkelt
der Morgensonne Schein.

"Auch hält er in der Klaue
ein blankgeschliffen Schwert,
von dem es durch die Gaue
wie Wetterleuchten fährt.

"Und rings um den Kyffhäuser
erschallt dem Donner gleich
der Ruf: 'Hoch unser Kaiser
und hoch das deutsche Reich!'"

Da sprühet Freudenblitze
Herrn Rotbarts Heldenblick,
er springt von seinem Sitze,
er wirft das Haupt zurück.

"Dank für die frohe Kunde
und lebe wohl, mein Zwerg!
Es schlägt die Scheidestunde,
es treibt mich aus dem Berg.

"Aufwärts gehn meine Bahnen,
das wird ein Jubel sein,
kehrt endlich bei den Ahnen
der Barbarossa ein."

Er drückt die Hand dem Zwerge,
er schreitet aus der Gruft;
schon steht er vor dem Berge
in freier Gottesluft

und spät und spricht voll Kummer:
"Den Adler seh' ich nicht;
es trübte wohl der Schlummer
der alten Augen Licht.

"Keine Krone seh' ich funkeln,
seh' auch kein blankes Schwert,
ich seh' nur, wie dem dunkeln
Gewölk ein Blitz entfährt."

Er lauscht, doch am Kyffhäuser
erschallt dem Donner gleich
kein Ruf: "Hoch unser Kaiser
und hoch das deutsche Reich!"

Da tät sein Haupt er neigen:
"Gern hielt' ich mich für taub,
hört' ich nicht von den Eichen
fallen das dürre Laub."

Doch will er weiter schreiten,
ob ihm das Herz auch schwer,
da braust von allen Seiten
um ihn ein Rabenheer.

Sie fliegen dem alten Kaiser
am Haupte dicht vorbei,
und rings um den Kyffhäuser
erschallt ihr wüst Geschrei.

Da flüchtet er zurücke
in seinen stillen Berg
und spricht mit finsterm Blicke:
"Du hast geträumt, mein Zwerg!"

Und setzt sich traurig wieder
an seinen Tisch von Stein;
es sinkt das Haupt ihm nieder,
der Kaiser schlummert ein.

Der Zwerg mit düstern Mienen
spricht dumpf, vernehmlich kaum:
"Wenn mir ein Traum erschienen,
war's nicht mein eigner Traum."

Und kauert stumm sich nieder
im dunkeln Zauberberg.
So schlafen beide wieder,
der Kaiser und sein Zwerg.

Wie lange? Gott mag's wissen,
es steht in seiner Hand;
er schütz' dich, mein zerrissen,
zerspalten Vaterland!

Julius Sturm

Das Glück von Edenhall

Von Edenhall der junge Lord
Läßt schmettern Festdrommetenschall;
Er hebt sich an des Tisches Bord
Und ruft in trunkner Gäste Schwall:
"Nun her mit dem Glücke von Edenhall!"

Der Schenk vernimmt ungern den Spruch,
Des Hauses ältester Vasall,
Nimmt zögernd aus dem seidnen Tuch
Das hohe Trinkglas von Kristall;
Sie nennens das Glück von Edenhall.

Darauf der Lord: "Dem Glas zum Preis
Schenk Roten ein aus Portugal!"
Mit Händezittern gießt der Greis,
Und purpurn Licht wird überall;
Es strahlt aus dem Glücke von Edenhall.

Da spricht der Lord und schwingts dabei:
"Dies Glas von leuchtendem Kristall
Gab meinem Ahn am Quell die Fei;
Drein schrieb sie: Kommt dies Glas zu Fall,
Fahr wohl dann, o Glück von Edenhall!

Ein Kelchglas ward vom Los mit Fug
Dem freudgen Stamm von Edenhall;
Wir schlürfen gern in vollem Zug,
Wir läuten gern mit lautem Schall.
Stoßt an mit dem Glücke von Edenhall!"

Erst klingt es milde, tief und voll
Gleich dem Gesang der Nachtigall,
Dann wie des Waldstroms laut Geroll;
Zuletzt erdröhnt wie Donnerhall
Das herrliche Glück von Edenhall.

"Zum Horte nimmt ein kühn Geschlecht
Sich den zerbrechlichen Kristall;
Es dauert länger schon als recht;
Stoßt an! mit diesem kräftgen Prall
Versuch ich das Glück von Edenhall."

Und als das Trinkglas gellend springt,
Springt das Gewölb mit jähem Knall,
Und aus dem Riß die Flamme dringt;
Die Gäste sind zerstoben all
Mit dem brechenden Glücke von Edenhall.

Einstürmt der Feind mit Brand und Mord,
Der in der Nacht erstieg den Wall;
Vom Schwerte fällt der junge Lord,
Hält in der Hand noch den Kristall,
Das zersprungene Glück von Edenhall.

Am Morgen irrt der Schenk allein,
Der Greis in der zerstörten Hall,
Er sucht des Herrn verbrannt Gebein,
Er sucht im grausen Trümmerfall
Die Scherben des Glücks von Edenhall.

"Die Steinwand", spricht er, "springt zu Stück,
Die hohe Säule muß zu Fall,
Glas ist der Erde Stolz und Glück,
In Splitter fällt der Erdenball
Einst, gleich dem Glücke von Edenhall."
Ludwig Uhland

Der Wirtin Töchterlein

Es zogen drei Bursche wohl über den Rhein,
Bei einer Frau Wirtin da kehrten sie ein.

"Frau Wirtin, hat sie gut Bier und Wein?
Wo hat sie ihr schönes Töchterlein?"

"Mein Bier und Wein ist frisch und klar,
Mein Töchterlein liegt auf der Totenbahr."

Und als sie traten zur Kammer hinein,
Da lag sie in einem schwarzen Schrein.

Der erste schlug den Schleier zurück
Und schaute sie an mit traurigem Blick:

"Ach lebtest du noch, du schöne Maid!
Ich würde dich lieben von dieser Zeit."

Der zweite deckte den Schleier zu
Und kehrte sich ab und weinte dazu:

"Ach, daß du liegst auf der Totenbahr!
Ich hab' dich geliebet so manches Jahr."

Der dritte hub ihn wieder sogleich
Und küßt sie an den Mund so bleich:

"Dich liebt' ich immer, dich lieb' ich noch heut
Und werde dich lieben in Ewigkeit."

Ludwig Uhland

Des Sängers Fluch

Es stand in alten Zeiten
ein Schloß so hoch und hehr,
Weit glänzt' es über die Lande
bis an das blaue Meer,
Und rings von duft'gen Gärten
ein blütenreicher Kranz,
Drin sprangen frische Brunnen
in Regenbogenglanz.

Dort saß ein stolzer König,
an Land und Siegen reich,
Er saß auf seinem Throne
so finster und so bleich;
Denn was er sinnt, ist Schrecken,
und was erblickt, ist Wut,
Und was er spricht, ist Geißel,
und was er schreibt, ist Blut.

Einst zog nach diesem Schlosse
ein edles Sängerpaar,
Der ein' in goldnen Locken,
der andre grau von Haar;
Der Alte mit der Harfe,
der saß auf schmuckem Roß,
Er schritt ihm frisch zur Seite
der blühende Genoß.

Der Alte sprach zum Jungen:
"Nun sei bereit, mein Sohn!

Denk unsrer tiefsten Lieder,
stimm an den vollsten Ton!
Nimm alle Kraft zusammen,
die Lust und auch den Schmerz!
Es gilt uns heut, zu rühren
des Königs steinern Herz."

Schon stehn die beiden Sänger
im hohen Säulensaal,
Und auf dem Throne sitzen
der König und sein Gemahl;
Der König furchtbar prächtig,
wie blut'ger Nordlichtschein,
Die Königin süß und milde,
als blickte Vollmond drein.

Da schlug der Greis die Saiten,
er schlug sie wundervoll,
Daß reicher, immer reicher
der Klang zum Ohre schwoll,
Dann strömte himmlisch helle
des Jünglings Stimme vor,
Des Alten Sang dazwischen,
wie dumpfer Geisterchor.

Sie singen von Lenz und Liebe,
von sel'ger goldner Zeit,
Von Freiheit, Männerwürde,
von Treu und Heiligkeit;

Sie singen von allem Süßen,
was Menschenbrust durchbebt,
Sie singen von allem Hohen,
was Menschenherz erhebt.

Die Höflingsschar im Kreise
verlernet jeden Spott,
Des Königs trotz'ge Krieger,
sie beugen sich vor Gott,
Die Königin, zerflossen
in Wehmut und in Lust,
Sie wirft den Sängern nieder
die Rose von ihrer Brust.

"Ihr habt mein Volk verführet,
verlockt ihr nun mein Weib?"
Der König schreit es wütend,
er bebt am ganzen Leib,
Er wirft sein Schwert, es blitzend
des Jünglings Brust durchdringt,
Draus, statt der goldnen Lieder,
ein Blutstrahl hochauf springt.

Und wie vom Sturm zerstoben
ist all der Hörer Schwarm,
Der Jüngling hat verröchelt
in seines Meisters Arm,
Der schlägt um ihn den Mantel
und setzt ihn auf das Roß,

Er bindt ihn aufrecht feste,
verläßt mit ihm das Schloß.

Doch vor dem hohen Tore,
da hält der Sängergreis,
Da faßt er seine Harfe,
sie, aller Harfen Preis.
An einer Marmorsäule,
da hat er sie zerschellt,
Dann ruft er, daß es schaurig
durch Schloß und Gärten gellt:

"Weh euch, ihr stolzen Hallen!
nie töne süßer Klang
Durch eure Räume wieder,
nie Saite noch Gesang,
Nein! Seufzer nur und Stöhnen
und scheuer Sklavenschritt,
Bis euch zu Schutt und Moder
der Rachegeist zertritt!

Weh euch, ihr duft'gen Gärten
im holden Maienlicht!
Euch zeig ich dieses Toten
entstelltes Angesicht,
Daß ihr darob verdorret,
daß jeder Quell versiegt,
Daß ihr in künft'gen Tagen
versteint, verödet liegt.

Weh dir, verruchter Mörder!
du Fluch des Sängertums!
Umsonst sei all dein Ringen
nach Kränzen blut'gen Ruhms,
Dein Name sei vergessen,
in ew'ge Nacht getaucht,
Sie, wie ein letztes Röcheln,
in leere Luft verhaucht!"

Der Alte hat's gerufen,
der Himmel hat's gehört,
Die Mauern liegen nieder,
die Hallen sind zerstört.
Noch eine hohe Säule
zeugt von verschwundner Pracht,
Auch diese, schon geborsten,
kann stürzen über Nacht.

Und rings, statt duft'ger Gärten,
ein ödes Heideland,
Kein Baum verstreuet Schatten,
kein Quell durchdringt den Sand.
Des Königs Namen meldet
kein Lied, kein Heldenbuch,
Versunken und vergessen!
das ist des Sängers Fluch.

Ludwig Uhland

Agnes Bernauerin

Es reiten drei Reiter zu München hinaus,
Sie reiten wohl vor der Bernauerin Haus:
"Bernauerin, bist du drinnen?

Bist du darinnen, so tritt du heraus:
Der Herzog ist draußen vor deinem Haus
Mit all seinem Hofgesinde."

Sobald die Bernauerin dies Wort vernahm,
Ein schneeweißes Hemd zog sie schnell an,
Wohl vor den Herzog zu treten.

Sobald die Bernauerin vors Tor naus kam,
Drei Herren gleich die Bernauerin vernahmn:
"Bernauerin, was willst du machen?

Willst du den Herzog von Bayern aufgeben
Oder willst du lassen dein jung frisches Leben,
Ertrinken im Donauwasser?"

"Lieber, als ich will meinen Herzog aufgeben,
Lieber will ich lassen mein jung frisches Leben,
Ertrinken im Donauwasser.

Der Herzog ist mein, und ich bin sein,
Der Herzog ist mein, und ich bin sein:
Sind wir gar treu versprochen."

Bernauerin wohl auf dem Wasser schwamm,
Maria Mutter Gottes hat sie gerufen an,
Sollt ihr aus dieser Not helfen.

"Hilf mir, Maria, aus dem Wasser heraus,
Mein Herzog läßt dir bauen ein Gotteshaus,
Von Marmelstein einen Altar."

Sobald sie dieses gesprochen aus,
Maria half ihr aus dem Wasser heraus,
Hat sie vom Tod errettet.

Sobald die Bernauerin auf die Brücke kam,
Ein Henkersknecht die Bernauerin nahm:
"Bernauerin, was willst du machen?

Willst du werden ein Henkersweib,
Oder willst du lassen dein jung stolzen Leib
Ertrinken im Donauwasser?"

"Und eh ich will werden ein Henkersweib,
So will ich lassen mein jung stolzen Leib
Ertrinken im Donauwasser." -

Es stund kaum an den dritten Tag,
Dem Herzog kam eine traurige Klag:
Bernauerin ist ertrunken!

"Auf, rufet mir alle Fischer daher,
Sie sollen fischen bis ins Rote Meer,
Daß sie mein feines Lieb suchen!"

Es kommen gleich alle Fischer daher,
Sie haben gefischt bis ins Rote Meer,
Bernauerin haben sie gefunden.

Sie tragen sie dem Herzog auf sein Schloß,
Der Herzog tausend Tränen vergoß,
Er tät gar herzlich weinen.

"So rufet mir her fünftausend Mann,
Einen neuen Krieg will ich fangen an
Mit meinen Herrn Vater eben.

Und wär mein Herr Vater mir nicht so lieb,
Ich ließ ihn henken wie einen Dieb;
Wär aber mir große Schande."

Es stund kaum an den dritten Tag,
Dem Herzog kam eine traurige Klag:
Sein Herr Vater ist gestorben.

"Die mir helfen meinen Herrn Vater begraben,
Rote Mäntel müssen sie haben,
Rot müssen sie sich tragen.

Und die mir helfen mein feins Lieb begraben,
Schwarze Mäntel müssen sie haben,
Schwarz müssen sie sich tragen.

So wollen wir stiften eine ewige Meß,
Daß man der Bernauerin nicht vergeß,
Man wolle für sie beten."

Volksballade

Es waren zwei Königskinder

Es waren zwei Königskinder,
die hatten einander so lieb,
sie konnten zusammen nicht kommen,
das Wasser war viel zu tief.

"Lieb Herze, kannst du nicht schwimmen?
Lieb Herze, so schwimm doch zu mir.
Ich will dir zwei Kerzen anstecken,
die sollen leuchten dir."

Das hörte die falsche Nanne
in ihrer Kammer, o weh.
Sie tat die Kerzen auslöschen,
Lieb Herze blieb in der See.

Es war an dem Sonntagmorgen.
Die Leute waren alle froh.
Nicht so die Königstochter,
die Augen, die schmerzten ihr so.

"O Mutter", sagt sie, "mein' Mutter,
meine Augen, die tun mir so weh.
Ich möchte gern gehen spazieren
an dem Ufer der rauschenden See."

"Ach Tochter", sagt sie, "mein' Tochter,
alleine kannst du nicht gehn.
Weck auf deine jüngste Schwester
und sie soll mit dir gehn."

"Meine allerjüngste Schwester
ist noch ein ganz einfältig Kind.
Sie pflückt wohl alle Blumen,
die an dem Meeresufer sind."

"Und pflückt sie auch nur die wilden,
und läßt die zahmen stahn,
so sagen doch alle Leute:
das hat die Königstochter 'tan."

"O Mutter", sagt sie, "mein' Mutter,
meine Augen tun mir so weh.
Ich möchte gern gehen spazieren
an dem Ufer der rauschenden See."

"O Tochter", sagt sie, "mein' Tochter,
alleine darfst du nicht gehen.
Weck auf deinen jüngsten Bruder
und der soll mit dir gehn."

"Mein allerjüngster Bruder
ist noch ein ganz einfältig Kind.
Er schießt wohl alle Vögel,
die an dem Meeresufer sind."

"Und schießt er auch nur die wilden
und läßt die zahmen gahn,
so sagen doch alle Leute:
Das hat das Königskind 'tan."

"O Mutter", sagt sie, "mein' Mutter,
Mein Herze tut mir so weh.
Laß andere gehn zu der Kirche,
ich will an die rauschende See."

Und es setzte die Königstochter
Auf das Haupt eine goldene Kron'
und sie steckte an ihren Finger
einen Ring von Demanten als Lohn.

Und die Mutter ging in die Kirche,
und die Tochter ging an das Meer,
da ging sie so lange spazieren,
bis dann kam ein Fischer daher.

"O Fischer, du liebster Fischer,
du kannst dir verdienen guten Lohn.
Wirf deine Netze ins Wasser
und fisch' meinen Königssohn!"

Er warf seine Netze ins Wasser,
sie sanken hinab bis auf den Grund.
Er fischte und fischte so lange,
bis der Königssohn wurde sein Fund.

Da nahm die Königstochter
vom Haupt ihre goldene Kron',
"Hier nimm, du braver Fischer,
dies ist dein verdienter Lohn."

Und sie zog von ihrem Finger
den Ring von Demanten als Lohn.
"Hier nimm, du braver Fischer,
dies ist für den Königssohn."

Und nahm in die bloßen Arme
den Königssohn, oh weh!
Und sprang mit ihm in die Wellen:
"O Vater und Mutter, ade!"

Volksballade

**In dieser Geschenkbuchreihe
sind erschienen:**

Alles Gute!
Glückwünsche zu vielen Gelegenheiten

Ausgewählte Chinesische Weisheiten

Klassischer Zitatenschatz
Eine Auswahl

Das Horoskop
für alle Sternzeichen

Die schönsten Balladen und Gedichte

Geflügelte Worte
Eine Auslese

Rezepte aus Omas Küche

Gute Besserung
Heiteres und Besinnliches

Rätsel, Lieder und Gedichte
für Kinder

Gesammelte Weisheiten
für jeden Tag